監修者——五味文彦／佐藤信／高埜利彦／宮地正人／吉田伸之

［カバー表写真］
騎象奏楽図
（楓蘇芳染螺鈿槽琵琶　捍撥）

［カバー裏写真］
螺鈿宝相華
（螺鈿紫檀五絃琵琶　背面）

［扉写真］
正倉　東南隅からみた南倉扉

日本史リブレット74

正倉院宝物の世界

Sugimoto Kazuki
杉本一樹

目次

正倉院宝物――奥行きと広がり

七五六(天平《てんぴょう》勝宝《しょうほう》八)年六月二十一日、光明《こうみょう》皇后▲は、五月二日になくなった聖武《しょうむ》天皇▲の冥福を祈って、天皇が生前に愛用していた品々など六〇〇余点を東大寺大仏《とうだいじだいぶつ》に献じた。これ以降、皇后の奉献は、二年余りの期間にあわせて五回におよんだ。品々の水準もさることながら、献物帳《けんもつちょう》と呼ばれる奉献品のリストが毎回そえられ(五巻の献物帳を、国家珍宝帳《こっかちんぽうちょう》・種々薬帳《しゅじゅやくちょう》・屏風花氈等帳《びょうぶかせんとうちょう》・大小《だいしょう》王真跡帳《おうしんせきちょう》・藤原公真跡屏風帳《ふじわらこうしんせきびょうぶちょう》と呼び分ける)、名称・数量・寸法・材質・技法からその品の由緒にまでおよぶ詳細な内容を伝えることは、宝物《ほうもつ》の価値をいっそう高めている。この結果、宝庫に伝わることになった品々を総称して、献納《けんのう》宝物(帳内《ちょうない》宝物)と呼ぶ。正倉院宝物の中核ともいうべき存在である。

▼光明皇后　七〇一～七六〇年。聖武天皇の皇后。藤原不比等《ふひと》の三女(母は県犬養《あがたいぬかいの》三千代《みちよ》)、孝謙《こうけん》天皇の生母。

▼聖武天皇　七〇一～七五六年。奈良時代の天皇。文武《もんむ》天皇の皇子(母は藤原不比等の女宮子《むすめみやこ》)。仏教に帰依《きえ》し、東大寺を造立した。

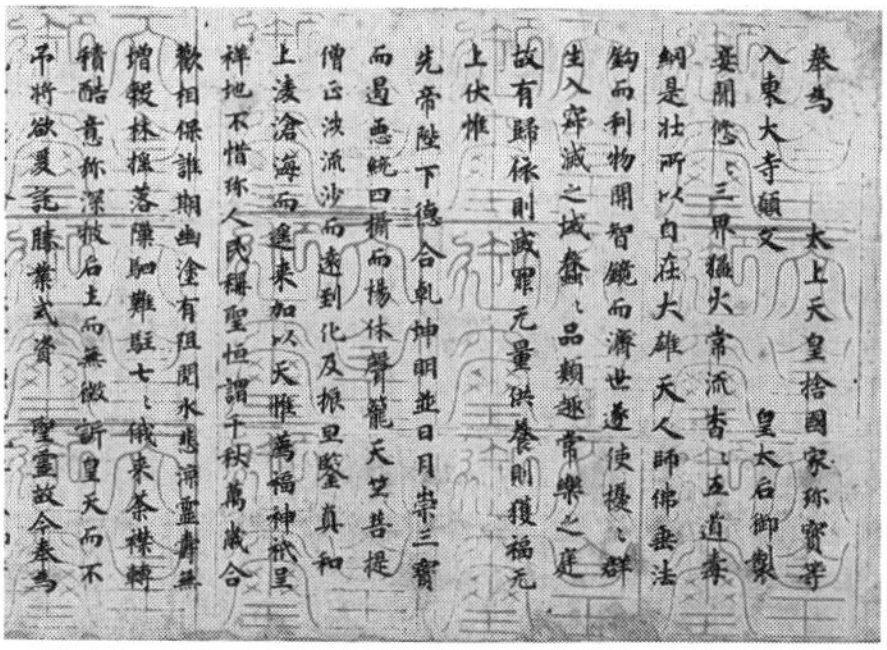
奉為　太上天皇捨國家珎寶等
入東大寺願文　皇太后御製
妾聞悠々三界猛火常流杳々五道毒
網是壮所以自在大雄天人師佛垂法
鈎而利物開智鏡而濟世遂使擾々群
生入寂滅之域蠢々品類趣常樂之庭
故有歸依則滅罪无量供養則獲福无
上伏惟
先帝陛下徳合乾坤明並日月崇三寶
而遏悪統四攝而揚休聲籠天竺菩提
僧正渉流沙而遠到化及振旦鑒真和
上淩滄海而還来加以天惟薦福神祇呈
祥地不惜珎人民稱聖恒謂千秋萬歳合
歡相保誰期幽塗有阻閲水悲涼靈壽無
增穀林搖落隟駟難駐七々俄来荼襟轉
積酷意弥深披后土而無徴訴皇天而不
弔將欲憑託勝業式資　聖靈故今奉為

●――国家珍宝帳《こっかちんぽうちょう》［北倉158］巻首

●—正倉全景　右より北倉、中倉、南倉。

正倉院宝庫は、「東大寺の正倉《しょうそう》」として建築されたものである。この本来の機能に即して、七五二（天平勝宝四）年四月九日に行われた大仏開眼会《かいげんえ》、聖武天皇の葬儀（七五六年）、同一周忌（七五七〈天平宝字《ほうじ》元〉年）など、折々の東大寺の法要《ほうよう》に用いられた品々が保管された。また、他倉の破損などによって、収納品がここへ運び込まれた例も少なくない。このような東大寺の資財も正倉院宝物の大きな部分を構成している。

次に、東大寺の造営のために設置された造東大寺司《ぞうとうだいじし》▲と、その下におかれた写《しゃ》経所《きょうじょ》▲などに関連する品も、正倉院には遺存している。多くは、庶民や下級役人たちの、仕事や日々の衣食住にかかわる品であり、保存されたというより、倉のなかに取り残されて今に伝わったものだが、この偶然によって、宝物の多様性は大きく広がることとなった。

そしてまた、伝来の経路こそ異なるが、東大寺の教学の核として伝えられた聖語蔵経巻《しょうごぞうきょうかん》は、奈良時代に宝物を生み出した力が、形を変えて発現したものであり、現在は正倉院の管理に帰している。

これらが一体となったものが、「正倉院宝物の世界」である。

▼造東大寺司　東大寺を造営するためにおかれた官司。事務を統括する政所《つかさどころ》のほか、写経所・造仏所・鋳所《ちゅうしょ》など現業部門がおかれた。

▼写経所　写経事業を進めるため造東大寺司のもとにおかれた役所。事務官のほか、実際に書写・校正・装丁に従事する者が所属した。

このたび、日本史リブレットの一冊として、このタイトルでの執筆をお引き受けした。私が学んできた分野は、日本古代史であり、正倉院での勤務に足を踏み入れてからは、同様のテーマで何度も述べてきたように思っていた。が、改めて考えると、日本史の立場で、正倉院について述べたことはあったが、正倉院を、日本史を学ぶ人びとのために、広く紹介する、という方向に向かうことは、少なかったことに気づいた。

以下では、⑴正倉院にはどんなものがあるのか。⑵正倉院宝物を知ることが、日本史にどんな役に立つのか。大きくこの二つを目標に述べてみたい。

なお、本書では写真に名称・所属を注記した。名称は、正式な宝物名称と一致しない場合がある。

①—「もの」と技法の世界

概観のための視座

正倉院宝物《ほうもつ》について、全容を概説的に述べる場合、いくつかの定跡がある。

(1)正倉院宝物の由緒に注目して、系統別に、宝物の成立史として説明する。

「正倉院宝物—奥行きと広がり」にも簡単にふれたように、代表的な宝物群として、(A)献納《けんのう》宝物(帳内《ちょうない》宝物)、(B)東大寺《とうだいじ》の資財、(C)造東大寺司《ぞうとうだいじじ》関係品、(D)聖語《しょうご》蔵経巻《ぞうきょうかん》などをあげることが普通である。

(2)正倉院宝物は、現在、北倉《ほくそう》・中倉《ちゅうそう》・南倉《なんそう》の三倉に分けて所属を定めているが、この、明治期半ばに成立した枠組み(具体的には『正倉院御物《ぎょぶつ》目録』▲によって画定。聖語蔵経巻はこれと別枠)に基づく管理の現状を基準に説明する。宝物数については約九〇〇〇点、経巻が約五〇〇〇巻、という数字が使われることがあるが、これは、この観点から、整理済みとして登録された現在数である。

(3)用途別。「もの」自体の属性に着目する。

(4)技法別。宝物の形になるまでの、生産・加工・製作・装飾にかかわる諸技

▼『正倉院御物目録』　正倉院に伝来した品は、明治時代に政府の直接管理のもとにはいり、整理分類・修復が進んだ。明治四十年代には、この目録に基づいて現在の正倉院宝物の範囲が確定した。

法の観点から説明する。

(5)材質別。宝物を構成する素材・原料に着目。近年、古文化財を対象とする科学的分析の手法が拡大・深化しているが、宝物の材質も、自然科学者による分析・検討が重視される部分である。(A)無機材質には金属・石・陶器《とうき》・ガラス・顔料があり、(B)有機材質には、植物(木材・竹材・樹皮ほか)、動物(皮革・獣毛・牙《げ》角甲骨《かくこうこつ》・貝・真珠・鳥毛ほか)などがある。また、一次加工をへた繊維・紙・染料・塗料と接着剤なども材質的検討の対象となる。

(6)生産・製作地や時期別。空間的要素に着目すれば、古代東アジア世界に宝物が点在するようすが地図に描ける。製作その他のルーツとなった地域としては、(A)日本(中央と地方)、(B)朝鮮半島(新羅《しらぎ》・百済《くだら》ほか)、(C)中国(隋《ずい》・唐《とう》ほか)、(D)中国を越えた西方・南海地方・北方、にまとめられる。その宝物がどのように正倉院にいたったか。文化交流史の課題であろう。

ここでは、「もの」重視、かつ正倉院宝物の範囲を越える広がりを展望するということで、主として(3)・(4)の観点から整理してみることにする。

「もの」の集合 —— 在庫品カタログ

正倉院には、どのような「もの」があるのか。いろいろなものがある、としかいいようがない。「日本史の教科書でならう」範囲では、正倉院といえば、天《てん》平《ぴょう》の美術工芸というイメージがほとんどかもしれない。しかし、個々の品物には、本来の用途があり、それをかざる(信仰の対象であれば荘厳《しょうごん》する)手段として装飾がほどこされたのであり、結果としてそうなのである。

「もの」だとしたら、それは「いったいなにか?」。知りたいのは、まずそこだ、という人は当然多いだろう。正倉院展を訪れる多くの観客にいちいちたずねる由もないが、宝物の解説は、その問いを想定して書かれる。この観点に立って、宝物の種類を項目として列挙してみよう。

調度品

室内で使用される調度品は、建築空間を念頭において、屏障具《へいしょうぐ》・座臥具《ざがぐ》・家什具《かじゅうぐ》・化粧道具などに整理できる。間仕切《まじき》りとしての屏障具には、屏風《びょうぶ》・帳《ちょう》・幕《まく》がある。

人の居場所におかれる座臥具には、御床《ごしょう》(ベッド。聖武《しょうむ》天皇・光明《こうみょう》皇后が使

赤漆文欟木《せきしつぶんかんぼくの》御厨子《おんずし》［北倉2］

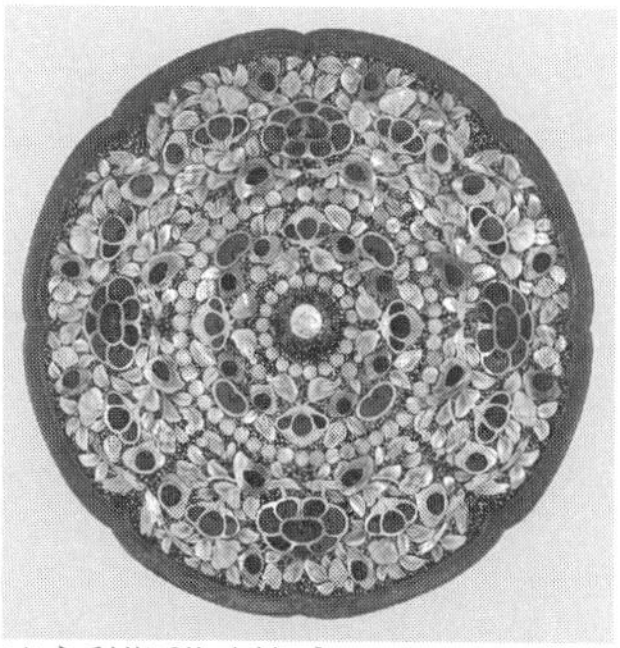

平螺鈿背八角鏡《へいらでんはいのはっかくきょう》［北倉42—13］

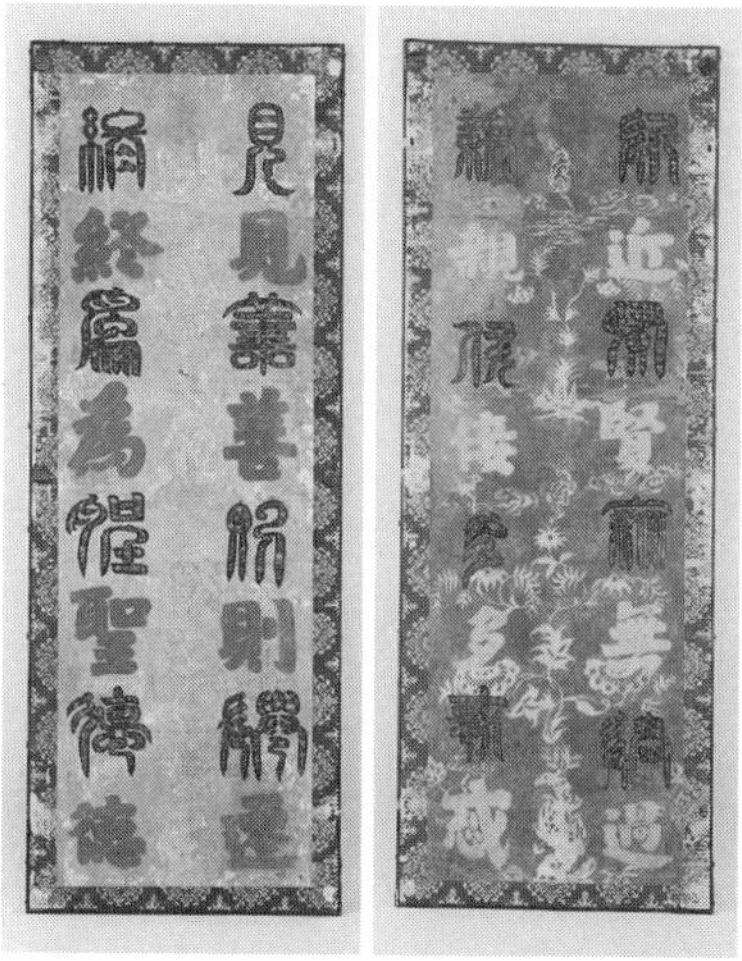

鳥毛篆書屏風《とりげてんしょのびょうぶ》［北倉44］第5・6扇

銀薫炉《ぎんくんろ》［北倉153］

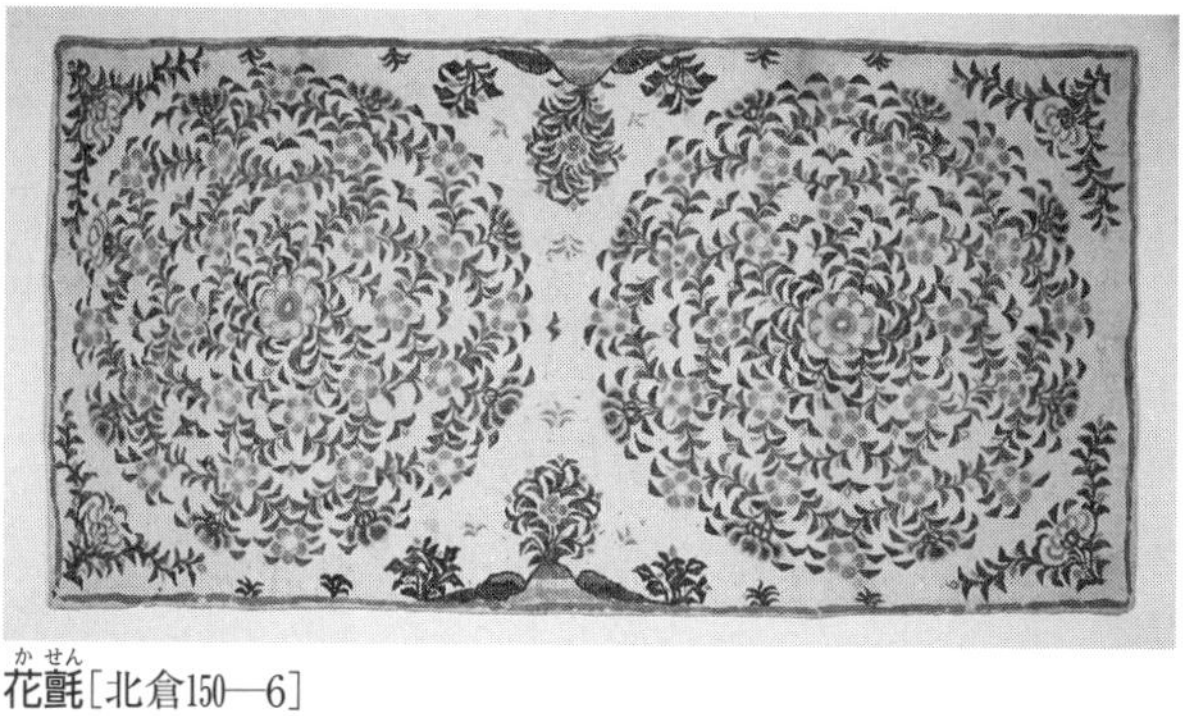

花氈《かせん》［北倉150—6］

●— 調度品

●——青斑石硯《せいはんせきのすずり》[中倉49]

用)・胡床《こしょう》(椅子の一種)・挟軾《きょうしょく》(後世の脇息《きょうそく》)・軾《しょく》(肘突)や敷物としての毛氈《もうせん》(模様のある花氈《かせん》、単色の色氈《しきせん》)・藺筵《いむしろ》などがある。

生活にかかわる諸々の品を収納する家什具には、天武《てんむ》天皇から歴代相伝《そうでん》という由緒のある赤漆文欟木御厨子《せきしつぶんかんぼくのおんずし》をはじめ、黒柿《くろがき》製両面開きの厨子、柿《かき》製の厨子という扉付キャビネットの類、棚《たな》厨子という置棚形式のものがある。

化粧道具の類としては、まず五六面にのぼる鏡(銅製鋳造のほか、銀・鉄製のもの各一面)と、それを収納した鏡箱《かがみばこ》があげられ、形式・装飾技法とも多彩である。櫛《くし》も現在と変わらない形のものが残る。火舎《かしゃ》(火鉢)・薫炉《くんろ》(衣類の香薫《こうくん》に用いる球形の香炉《こうろ》)などもこの流れに位置する。

文房具

このグループには、筆墨硯紙《ひつぼくけんし》のいわゆる文房四宝《ぶんぼうしほう》のほか、刀子《とうす》(小刀。当時、紙や木簡《もっかん》に書いた文字は、こそげ落とすように削って訂正した)・尺《しゃく》(ものさし)・書几《しょき》(書見台《しょけんだい》)がある。このうち、筆の一部には精巧な装飾でかざるものがあり、紙にも色とりどりの加工紙がある。また、刀子・尺は、材質・技法に工夫が凝らされ、単なる実用を越えた儀式・献納との関連を思わせる。また、典籍《てんせき》・文《もん》

筆《ふで》[中倉37—2]

墨《すみ》(新羅《しらぎ》楊家《ようけ》上墨《じょうぼく》)[中倉41—9]

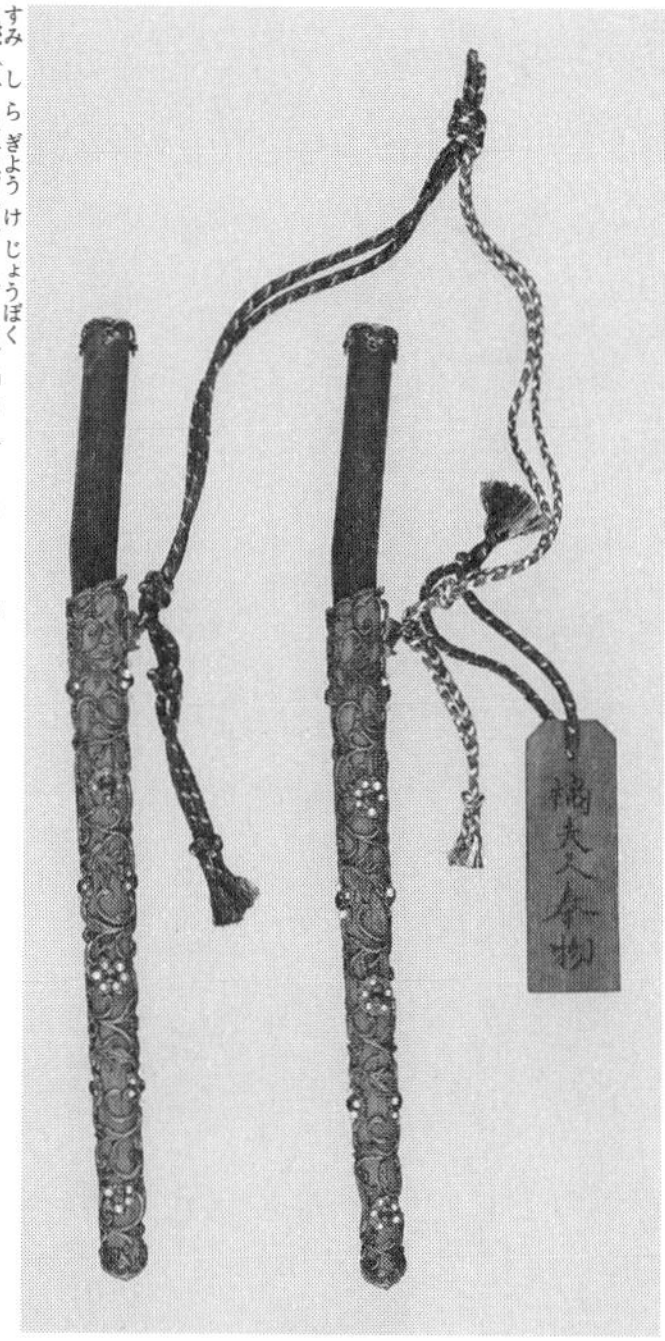

犀角《さいかく》把《のつか》白銀《しろがね》葛形《かずらがた》鞘《のさや》珠玉《しゅぎょく》荘《かざりの》刀子《とうす》(橘《たちばな》夫人《ぶにん》奉物《ほうもつ》)[中倉131—7]

木画《もくが》紫檀《したんの》棊局《ききょく》[北倉36]

紺牙《こんげ》撥鏤《ばちるの》棊子《きし》(左)・紅牙《こうげ》撥鏤《ばちるの》棊子《きし》[北倉25]

投壺《とうこ》[中倉170]

●──文房具と遊戯具

●——木画紫檀双六局《もくがしたんのすごろくきょく》[北倉37]

書《じょ》・経巻が大量にあり、開田《かいでん》地図と称する麻布《あさぬの》に書かれた地図もある。当時の書物の基本的な装訂は巻子《かんす》(巻物)であり、その軸《じく》や、巻物《まきもの》をつつむ帙《ちつ》、経筒《きょうづつ》がある。

遊戯具

遊戯具としては、中国大陸・朝鮮半島から伝来の囲碁《いご》・双六《すごろく》の用具、すなわち碁局《ききょく》(碁盤)・碁子《きし》(碁石)・双六局《すごろくきょく》・双六子《すごろくし》・双六頭《すごろくとう》(さいころ)があり、投壺《とうこ》(壺に矢を投げ入れる遊戯)とその矢・弾弓《だんきゅう》も伝わる。献物帳所載の品をはじめ、多彩な工芸技法でかざられる例が多いのは、当時の上流階層のゆとりを示す遊戯具としては自然である。

年中行事関係品

ジャンルとしてはやや特殊だが、奈良時代に行われた年中行事の関連品として一括できる一群もある。中国古来の制では、年初に天子《てんし》がみずから田を耕して豊穣を祈り、皇后が蚕室《さんしつ》を払って蚕神《さんしん》をまつったといい、この流れをくむ正月初子日《はつねのひ》の儀式に用いられた手辛鋤《てからすき》・目利箒《めとぎのほうき》(万葉歌《まんようか》によまれた)が関連品とともに伝わる。初卯日《はつうのひ》の卯杖《うづえ》とみられる椿杖《つばきのつえ》、人日《じんじつ》(七日)に贈答品として使わ

▼**恵美押勝(藤原仲麻呂)の乱**

仲麻呂は、藤原南家《なんけ》の出身。才学に秀《すぐ》れ、政権の中枢にあって権勢をふるったが、孝謙上皇《こうけんじょうこう》・道鏡《どうきょう》との対立の末、反乱を起こして敗死した。

子日手辛鋤《ねのひのてからすき》［南倉79—2］

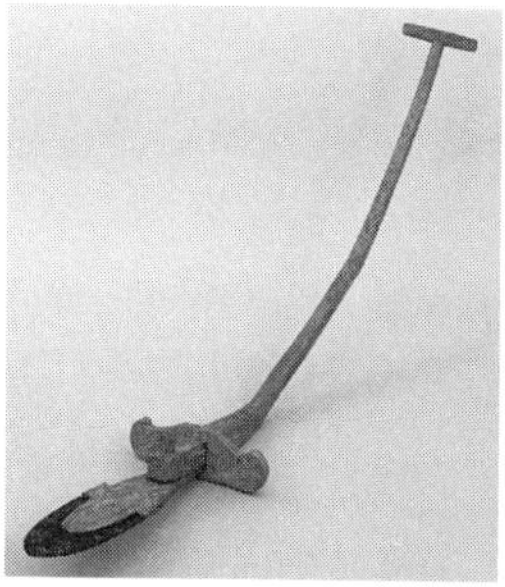

子日手辛鋤《ねのひのてからすき》 銘文

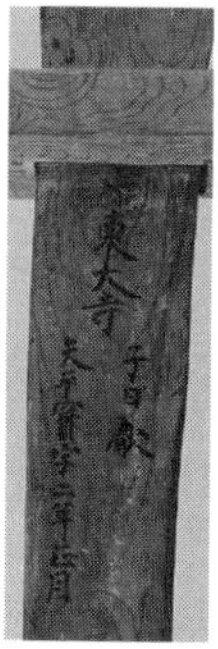

子日目利箒《ねのひのめとぎのほうき》［南倉75—2］

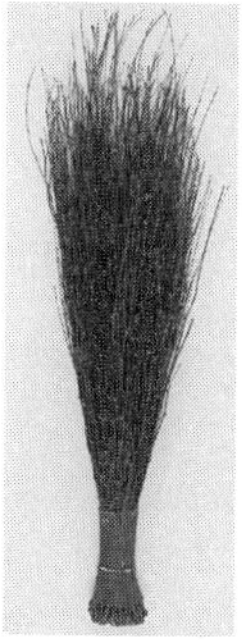

れた人勝《じんしょう》も、正月行事に関連する。撥鏤尺《ばちるのしゃく》は二月二日の鏤牙尺《るげしゃく》との、百索縷軸《ひゃくさくるのじく》は五月五日の百索綬帯《ひゃくさくのじゅたい》（続命縷《しょくめいる》）との、長大な針と糸（縷）は七月七日乞巧奠《きっこうてん》（七《たな》夕《ばた》）との関連がうかがわれる。

武器・武具など

武器には、刀・槍の類として大刀《たち》・鉾《ほこ》・手鉾《てぼこ》があり、弓・箭《や》・胡禄《ころく》（簶）・鞆《とも》がある。武具の甲《よろい》と、鞍を中心とする馬具《ばぐ》のセットも伝わる。

武器・武具といえば、国家珍宝帳《こっかちんぽうちょう》に、大刀・弓・箭・甲が各一〇〇という大きな数で献納されていることが目を引く。その後、七六四（天平宝字《ほうじ》八）年の恵《え》美押勝《みおしかつ》（藤原仲麻呂《ふじわらのなかまろ》）の乱▲の際に、緊急の用に応じて出蔵され、現存するのは、金銀鈿荘《でんかざりの》唐《から》大刀《たち》一口・御杖刀《ごじょうとう》二口にすぎない。現在、中倉に所属する武器類は、乱ののちふたたび東大寺に保管されたものであるが、七八七（延暦《えんりゃく》六）年以降の宝物点検の記録で、ほかの献納品と同列の点検対象となっていないので、代納品として別扱いであったとみるべきであろう。

刀剣は、外装をともなうもの三二口、刀身のみのもの二三口が伝わるが、いずれも反りのない直刀《ちょくとう》で、切刃造《きりはづくり》が主流である。後世の槍につながる鉾は、穂

金銀《きんぎん》荘《かざりの》横刀《おうとう》［中倉8—4］

金銀《きんぎん》荘《かざりの》横刀《おうとう》 刀身

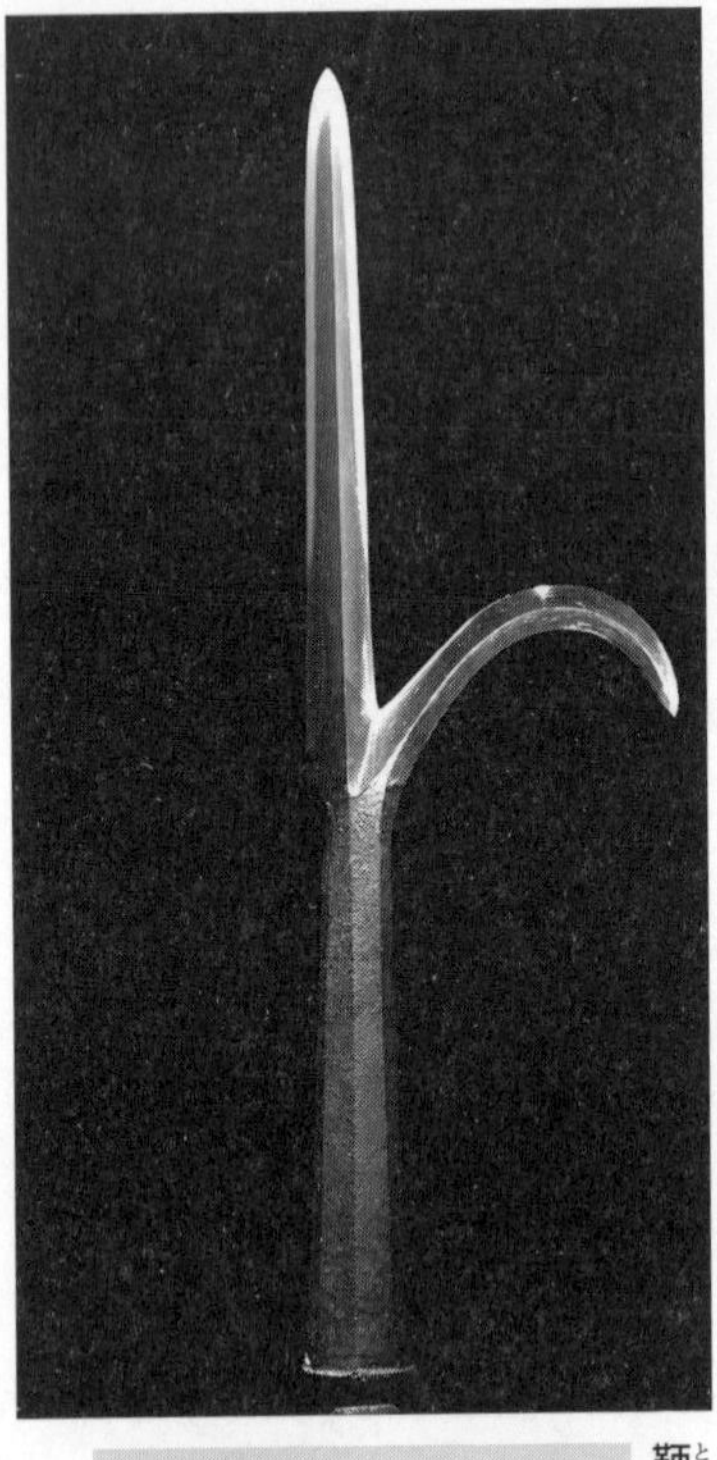

鉾《ほこの》身《み》［中倉11—5］

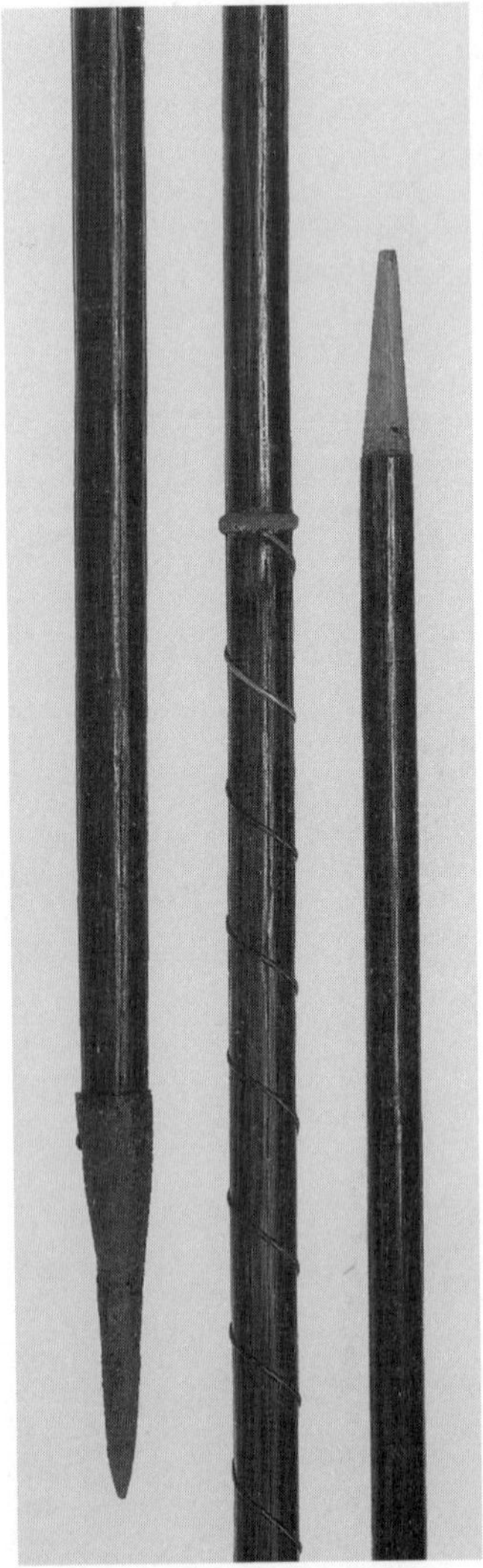

鉾《ほこの》柄《え》［中倉11—26］

鞆《とも》［中倉3—4］

鞍橋《くらぼね》[中倉12—5]

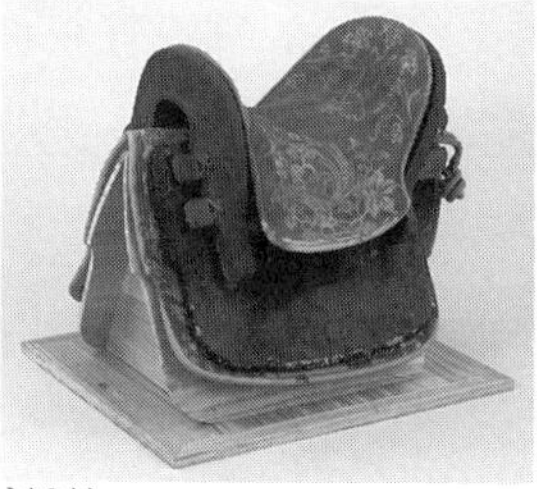

馬 鞍《うまのくら》 組姿[中倉12—5]

鐙《あぶみ》[中倉12—1]

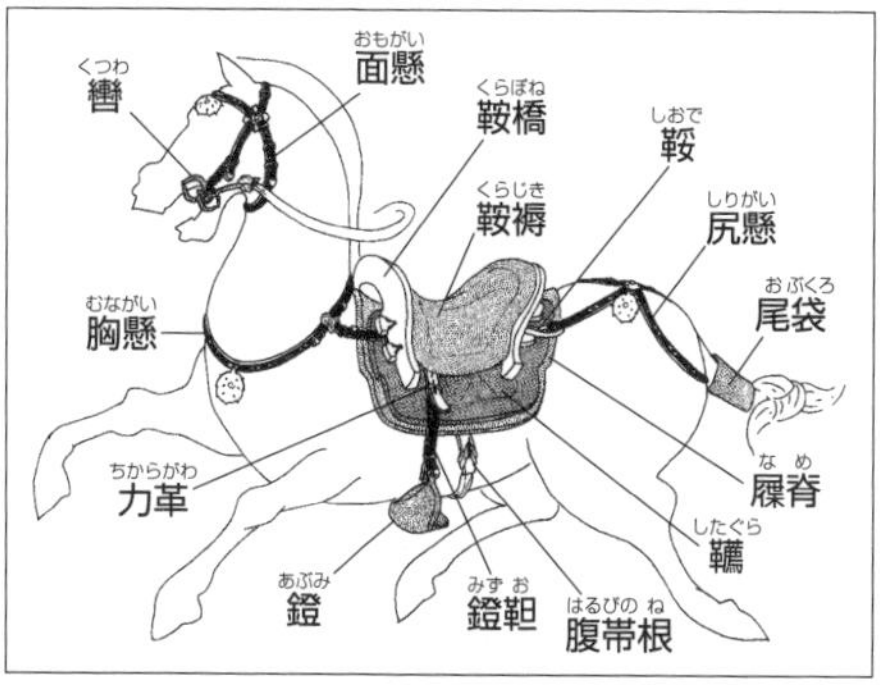

馬鞍の部分名称図(西川明彦氏作図)

●—馬鞍を中心にした馬具一式

先がまっすぐなものと、枝分かれした鉤《かぎ》を備えたものがある。袋状になった付け根の部分に長い柄を差して使用し、全長では三メートルを超え、なかには四・五メートルにおよぶものがある。手鉾は、後世の薙刀《なぎがた》に似た形である。

弓には、梓弓《あずさゆみ》・槻弓《つきゆみ》があわせて二七張ある。自然木を用いた丸木弓の形式で、後世のものとは異なる。弦《つる》はわずかな断片が残るのみである。箭は、箭をいれて背におう胡禄とともに伝わる例が三三例で、箭のみが残るものとあわせて三八〇〇本余りにのぼる。鏃《やじり》は鉄、矢柄《やがら》は竹(ヤダケ)が多いが、竹鏃・骨鏃や芦《あし》の矢柄でつくられた箭もある。矢羽根《やばね》は四枚羽根が主流で、羽根の材質の選択や細部の装飾に技巧を凝らす例がある。箭のなかには鏑矢《かぶらや》もみられる。また、箭の材料となる箭竹《やだけ》がこれとは別に一四〇〇本残っている。鞆は、矢を射るときに手首を保護するために着用する。

甲は、鉄の小札《こざね》を組紐《くみひも》・革紐で連ねた挂甲《けいこう》形式のものが、残片として残る。

馬鞍《うまのくら》を中心にした馬具一式は、鞍橋《くらぼね》・鞍褥《くらじき》・韉《したぐら》・屟脊《なめ》・腹帯《はるび》・鐙《あぶみ》・轡《くつわ》・三懸《さんがい》(面懸《おもがい》・胸懸《むながい》・尻懸《しりがい》)・手綱《たづな》・尾袋《おぶくろ》・障泥《あおり》などの多くの部品から構成される。いずれも当時の先端技術を集めて製作したものであり、一〇組分が伝わる。

楽器

楽器は、弦楽器・管楽器・打楽器にわたって現存する。

　奈良時代には、わが国古来の音楽に加えて、中国大陸・朝鮮半島から種々の音楽がもたらされていた。音楽や舞は、当時としても国際色豊かな芸術として、また礼楽《れいがく》の一翼を担って国家としての儀容《ぎよう》を保つための重要な要素として、日本に定着していた。

　弦楽器では、在来系の和琴《わごん》、朝鮮半島由来の新羅琴《しらぎごと》のほか、琴《きん》・瑟《しつ》・箏《そう》・琵琶《びわ》・五絃《ごげん》琵琶・阮咸《げんかん》・箜篌《くご》がある。五絃琵琶はインド、琵琶はイラン、ハープの一種である箜篌はアッシリアと、それぞれ遠隔の地に楽器としての源流を求めることができるといわれるが、正倉院に伝わる品は、唐文化の影響下で完成されたものが伝わったとみるべきであろう。管楽器には尺八《しゃくはち》・横笛《おうてき》・笙《しょう》・竽《う》・簫《しょう》があり、古代の音を伝えている。打楽器では磁鼓《じこ》（国産陶器製の細腰鼓《さいようこ》。インド起源）・腰鼓（漆《うるし》塗りの木製鼓胴《こどう》）・鼓皮《こひ》・磬《けい》・方響《ほうきょう》がある。

　これらは、宮廷儀式・宗教儀礼の場での奏楽《そうがく》が想定される。この場合、演奏は、種々の舞と一体となったが、その際に使用された、楽装束《がくしょうぞく》・伎楽面《ぎがくめん》など

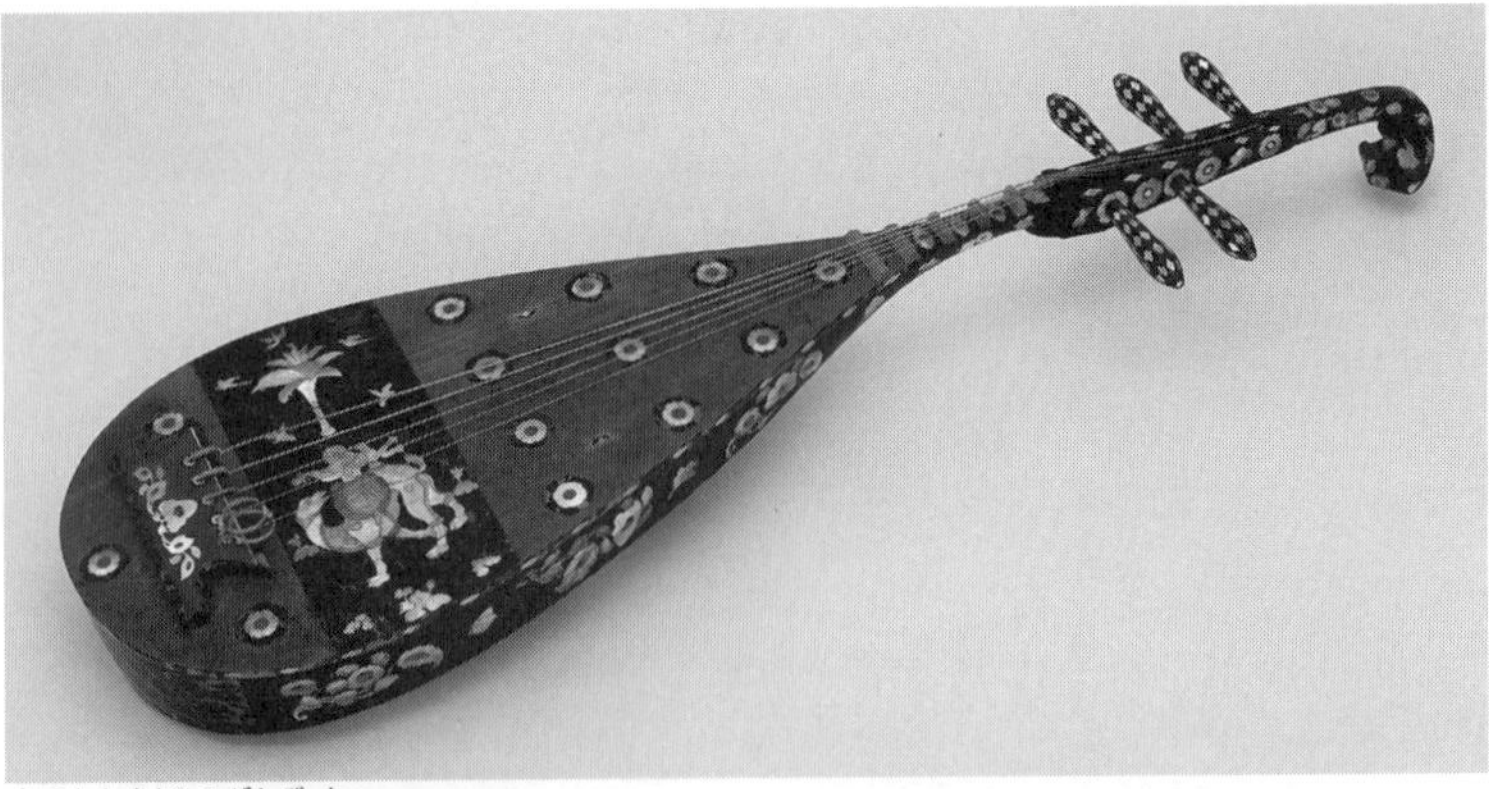

螺《ら》鈿《でん》紫《し》檀《たんの》五《ご》絃《げん》琵《び》琶《わ》[北倉29]

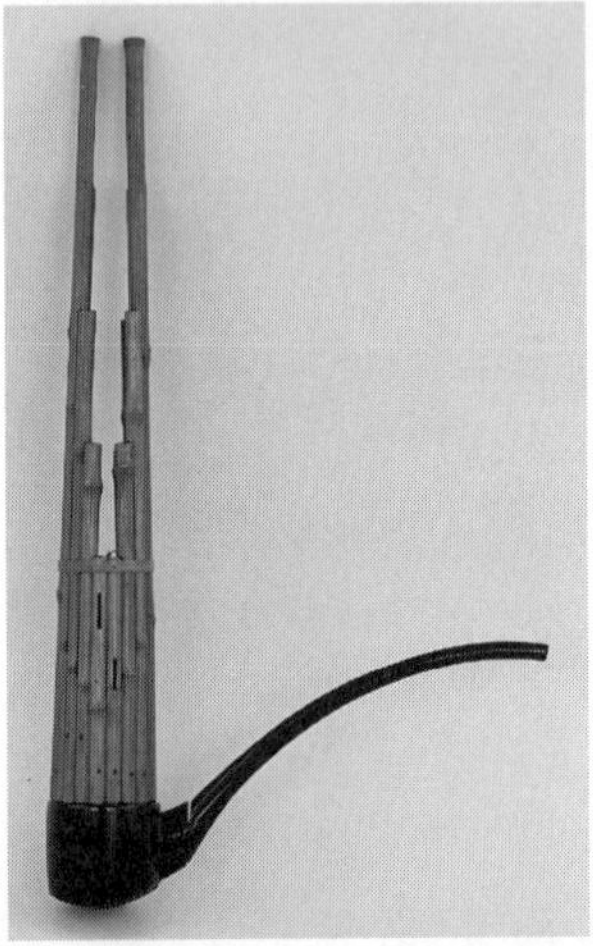

呉竹《くれたけの》笙《しょう》[南倉109—1]

磁《じ》鼓《こ》[南倉114]

彫石《ちょうせきの》横笛《おうてき》[北倉33]

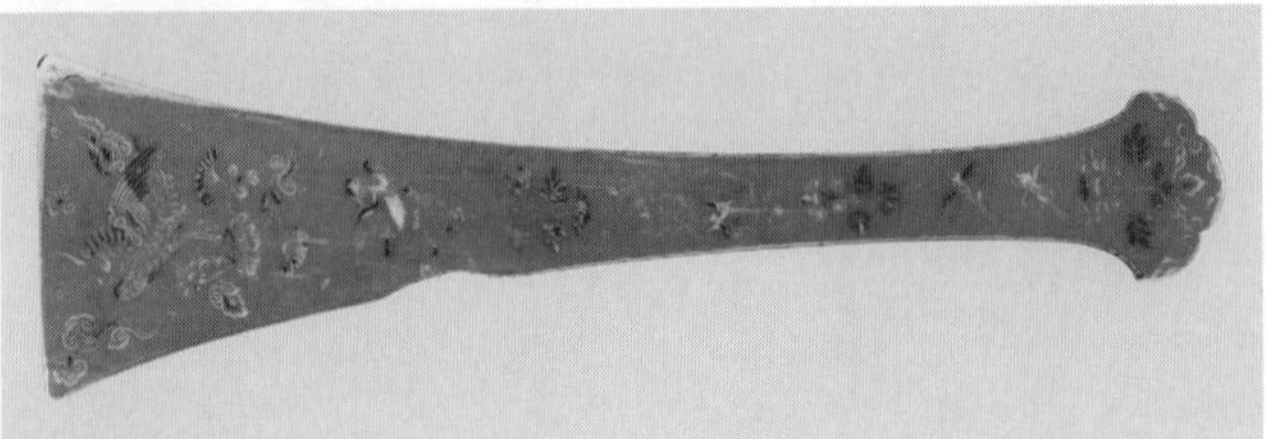

紅《こう》牙《げ》撥鏤《ばちるの》撥《ばち》[北倉28]

●——楽器

●――裳《も》［南倉97―5］

楽舞《がくぶ》の用品・用具も正倉院には多い。

楽舞用品から服飾品へ

現在、正倉院に伝わる装束類のうち、銘文《めいぶん》の記載から知られる楽舞の種類をみると、大歌《おおうた》（日本在来の楽）・唐古楽《とうこがく》・唐中楽《とうちゅうがく》・唐散楽《とうさんがく》・呉楽《くれがく》（伎楽《ぎがく》）・狛楽《こまがく》（高麗楽）・度羅楽《どらがく》・雑楽・林邑楽《りんゆうがく》（ベトナム方面の楽）のグループがあり、個々の演目・役柄の名までが装束に記される。発祥の地域や、在来の楽か新流行の俗楽に近いものかが、ここからうかがわれる。東大寺大仏開眼会《だいぶつかいげんえ》の際に演じられたときのものが大多数である。

また、このうち呉楽に使用された伎楽面は、当代の彫刻の水準を反映した秀作を多く含む。技法的には木彫《もくちょう》・乾漆《かんしつ》の二種があり、一四種（治道《ちどう》・獅子《しし》・獅子《しし》児《こ》・呉公《ごこう》・金剛《こんごう》・迦楼羅《かるら》・崑崙《こんろん》・呉女《ごじょ》・力士《りきし》・波羅門《ばらもん》・太孤父《たいこふ》・太孤児《たいこじ》・酔胡王《すいこおう》・酔《すい》胡従《こじゅう》）計二三面で一セットをなすのが標準の構成である。一枚の布に、顔を描いた布作面《ふさくめん》（五三ページ写真参照）も、広い意味で楽舞の関連品であろう。

ふたたび装束に戻ると、その種類には、袍《ほう》（上着）・襖子《おうす》・領巾《ひれ》・半臂《はんぴ》（袖無しの上衣《じょうい》）・背子《はいし》・衫《さん》（布衫。下着のシャツ）・汗衫《かんさん》（絁《あしぎぬ》製の下着）・帯・勒肚巾《ろくときん》・前《まえ》

袍《ほう》[南倉129—5]

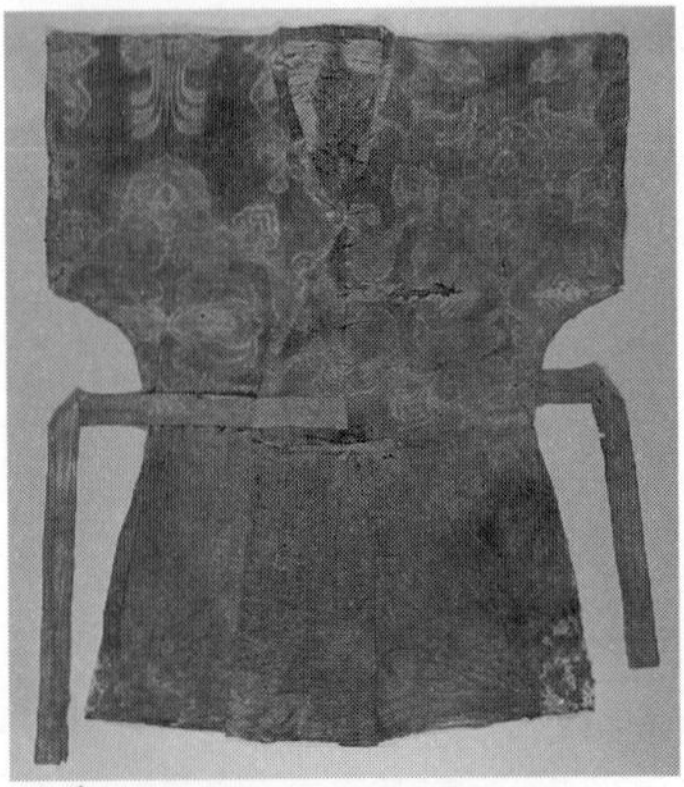

半臂《はんぴ》[南倉134—7]

紺《こん》玉《ぎょくの》 帯《おび》残欠《ざんけつ》[中倉88]

錦《にしきの》　襪《しとうず》[南倉142—2]

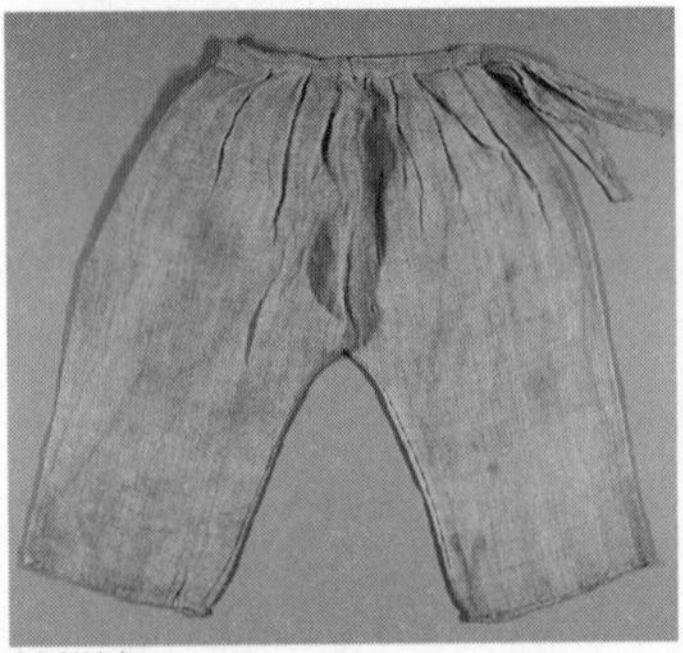

布《ぬのの》 袴《はかま》[南倉136—8]

履《くつ》[南倉143—４・５]

●—服飾品

垂《だれ》・袴《はかま》（ズボン）・接腰《せつよう》（袴の上に着用）・脛裳《はぎも》・襪《しとうず》（靴下）がある。上位の分類との関連でいえば、これらの楽舞に使用された衣服・服飾品ということになる。正倉院には、このほか、下級官人《かんじん》クラスの労働着というべき衣服類も残っている。

そこで、服飾品全体の種類をあげると、冠《かんむり》（天皇・皇后・諸臣が東大寺大仏開眼会の際に着用したもの）・袍・半臂・袴・接腰・裳《も》（スカート）・衫・汗衫・前裳《まえも》（前掛け）・襪・早袖《はやそで》（肩カバー）・腕貫《うでぬき》（腕カバー）・帯と佩飾具《はいしょくぐ》・履《くつ》がここに含まれる。

以上に列挙した品々は、労働着と目されるものを除き、使用者の階層でいえば、おおむね中流官人以上（上は天皇・貴族クラスにおよぶ）の階層を想定できる。それと同時に、寺院（東大寺）で使用された仏教関係品という色彩をおびている。

仏具類

僧が着用・所持する品には、袈裟《けさ》・誦数《じゅず》・柄香炉《えごうろ》・如意《にょい》・麈尾《しゅび》があり、錫《しゃく》杖《じょう》・三鈷《さんこ》・花籠《けこ》などは法会《ほうえ》で使用する用具と思われる。

袈裟のうち、高度な技法を駆使した北倉の袈裟九領は、国家珍宝帳の筆頭にあげられる重要な品である。誦数・柄香炉・如意・麈尾も、多様な材質を組み

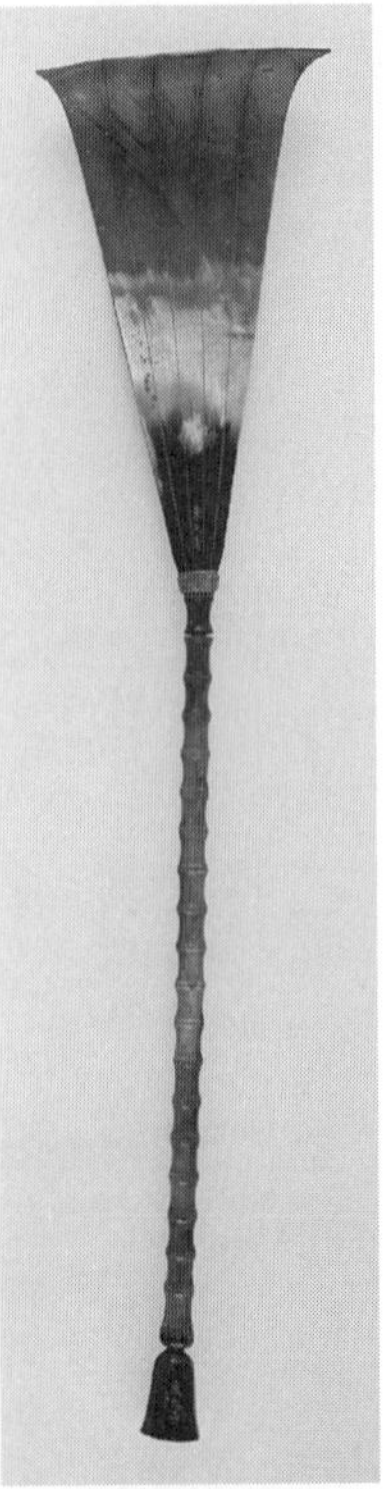

斑犀如意《はんさいのにょい》[南倉51—8]

九条《くじょう》刺納《しのう》樹皮《じゅひ》色《しょくの》袈裟《けさ》[北倉1—1]

赤銅《しゃくどうの》柄香炉《えごうろ》[南倉52—3]

漆《うるし》金薄絵盤《きんぱくえのばん》[南倉37]

琥碧《こはくの》誦数《じゅず》[南倉55—1]

白石《はくせきの》火舎《かしゃ》[中倉165—1]

沈香木画箱《じんこうもくがのはこ》[中倉142—10]

蘇芳地金銀絵花形方几《すおうじきんぎんえのはながたほうき》[中倉177—3]

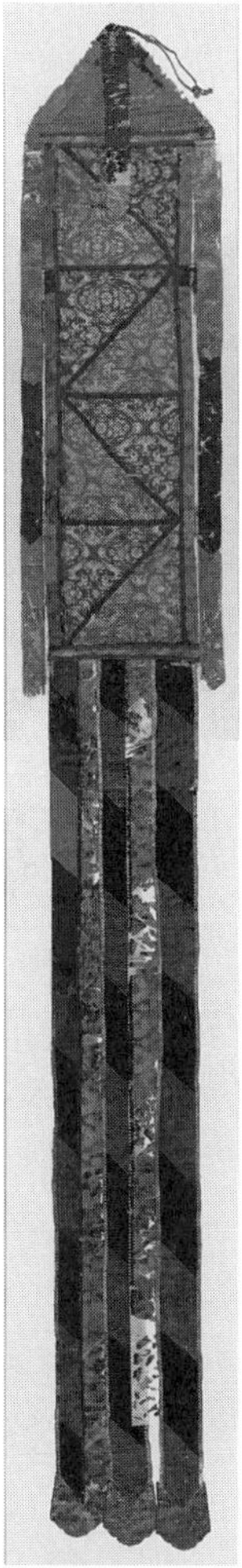

錦《にしきの》道場幡《どうじょうばん》[南倉185 126号櫃98号]

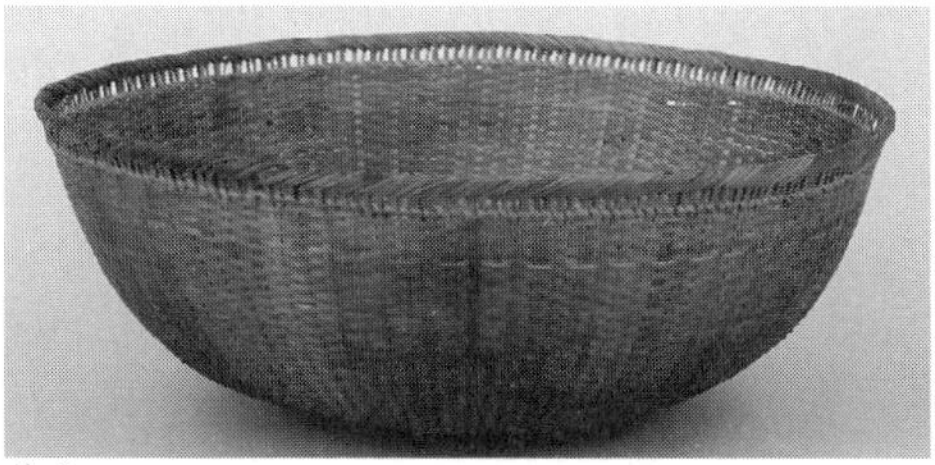

花籠《けこ》[南倉42—1]

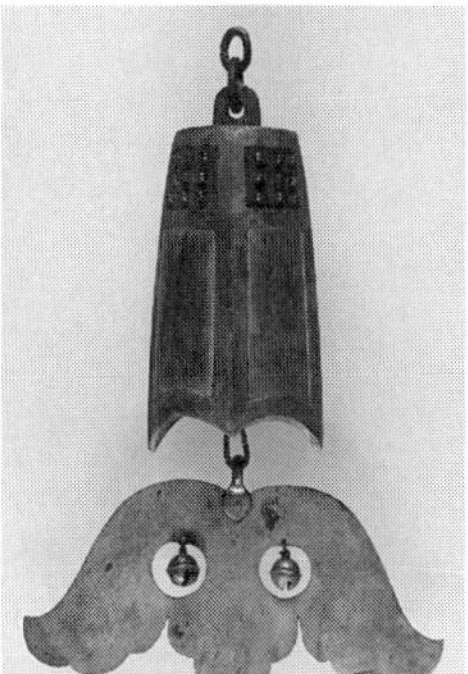

金銅鎮鐸《こんどうのちんたく》[南倉164—2—12]

●—仏具類

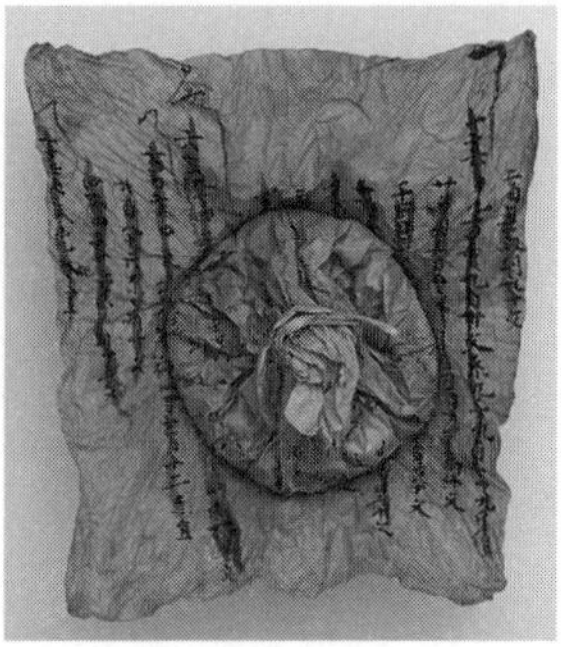

丹《たん》[北倉148—4]

蝋蜜《ろうみつ》[北倉97—4]

合わせた精緻な装飾をもつものが多い。法会の場をかざる荘厳具には、金属製あるいは染織品の幡《ばん》(堂の内外につりさげて使用する)、幢《どう》、敷布などが大量に残る。金属・陶器・漆塗りなどで製作された碗《わん》・加盤《かばん》・皿・鉢・杯《つき》・瓶《へい》・箸《はし》・匙《さじ》は、それ自体は飲食器というべきだが、仏僧の供養具《くようぐ》として使用されたものが主であろう。

また、仏前への供えものや、献物のための容器・台なども多い。香薬類のうち、最初から薬としての使用が想定されたもの以外の、全浅香《ぜんせんこう》・黄熟香《おうじゅくこう》(蘭奢《らんじゃ》待《たい》の別称で有名)といった名香や、丁香《ちょうこう》・裛衣香《えびこう》などは、櫃《ひつ》・箱・袋・包《つつみ》・几《つくえ》などと組み合わせて、仏供養に使用されたものがあるだろう。香供養に関連する品としては、ほかに華麗な描画・彩色に彩られた漆金薄絵盤《うるしきんぱくえのばん》(香印座《こういんざ》)一対・香印盤《ばん》などがある。

その他の品々

それでもなお、上記いずれにも分類しがたいものがある。

鉇《やりがんな》・錯《やすり》・鑽《きり》・提子《ていし》(なべ)・包丁などは、工匠具・厨房具と呼べるだろうが、この種の品は、寺院造営などの現場との関連が想定される。使用階層は、さきに述べた労働着の衣服類と共通するとみられる。この階層の多様な仕事を円滑に進めるために、この時代には、膨大な事務書類・帳簿などが生み出されたが、正倉院文書は、その一部が残されたものである。

臈蜜《ろうみつ》（蜜蠟《みつろう》。工芸材料）・丹《たん》（鉛の酸化物。彩色やガラス原料に使用）・麻布・ガラス玉・金剛砂《こんごうしゃ》（ザクロ石。研磨剤）などは、原料・素材という項目を立てればおさまりそうであるが、なにに使ったのか、どうして正倉院に伝わったのか、最後までわからない品も多く残る。

出土品と伝世品

用途というのは、「仏教儀式に使われる飲食器」「楽舞の装束としての衣服」というように、シチュエーションによって決まる部分と、そのもの自身の属性に由来する部分があり、どちらに分類してよいのか迷う場合もある。その辺りは柔軟に対処したのが、右の整理である。

ともかく、正倉院宝物の「もの」ワールドを、一覧表の形で手にすることによって、次には、出土品というもう一つの「もの」ワールドとの対比が可能になる。

●──考《こう》課《か》木簡

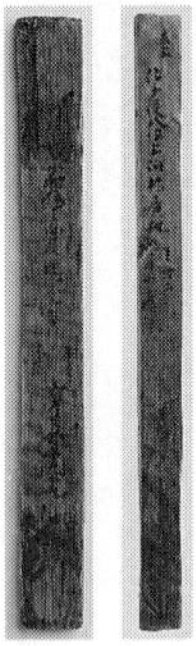

▼考課木簡　官人（文官）の勤務評定をつかさどった平城宮式部省跡では、カードに似た機能をもつ木簡が多く出土している。

そして、二つの世界の差異も、また境界を越えて共通する要素も明らかになってくる。

普通、木簡を含む考古学上の遺物と、正倉院宝物の違いを、出土品と伝世品という言葉で説明することが多い。もう少し突っ込んで考えてみると、廃棄／保存、本来の場所から離れたもの／その場所にあり続けたもの、という対比がそこにあると考えることができる。

そうすると、大切なものを倉のなかに保管、不要なものであればゴミ溜めに（離れた場所に、積極的に）捨てる、という常識的なあり方とならんで、本来の場所で廃棄されたもの（平城《へいじょう》宮《きゅう》式《しき》部《ぶ》省《しょう》跡の考《こう》課《か》木簡▲。削屑が多く出土し、いくども削られて使用にたえなくなったものが廃棄された）、本来の場所でないところで伝存したもの（屏風や烏兜《とりかぶと》など下貼《したば》りに再利用された文書。混入物は多くこの類）、という、ちょっとひねくれたカテゴリーが成立しうる。さらに正倉院文書などの実例をみると、これも皮相な割切りで、消極的な廃棄と消極的な保存は、紙一重かもしれない。結局、「もの」そのもののレベルでは、分け隔てせねばならない理由はみつからないのではないか。

技法別の整理

続いて、技法の観点から、正倉院宝物をながめてみたい。

「これはいったいなにか?」という問いが、「どうやってつくったのか?」を知りたくて発せられることもあろう。宝物は、すべて、人の手で生産・製作された品である(天然の生薬も、人間の眼と手をへて、商品的価値を獲得したものである)。これに対する答えは、いわゆる技法別分類の形式となる。博物館・美術館の現場でも、美術工芸の研究者・製作者においても、このジャンル分けは利用されるが、同じ「もの」世界を、用途別とは違ったディスプレイの手法でならべてみることになる。

大まかには、以下のような分野があげられると思う。正倉院では、このようなテーマごとに専門家を招いて調査を実施し、成果を報告書として出版した実績がある。以下、それによりつつ概観していこう。

絵画

正倉院宝物の例では、工芸・調度の装飾としてみえることが多い。絵そのものの鑑賞のため製作された例としては、国家珍宝帳に記載された献納屛風一〇

○畳のなかの屏風絵が注目される。そこには、実物が残らないが大唐勤政楼前《だいとうきんせいろうぜん》観楽図《かんがくず》・素画夜遊《そがやゆう》屏風など、中国でのあらたな流行を画題として描いたものも含まれる。現存品としては、鳥毛立女《とりげりつじょ》屏風や夾纈《きょうけち》・臈纈《ろうけち》屏風など、絵画屏風に隣接する工芸的な作品である。

また、弦楽器の装飾画である琵琶・阮咸の捍撥絵《かんばちえ》（騎象奏楽《きぞうそうがく》・狩猟宴楽《えんがく》・春苑奏楽などの描写がある）、檜和琴《ひのきのわごん》や金銀平文琴《ひょうもんきん》の装飾画も重要な作例である。法会などに関連する仏画としては、麻布の大画面に雄渾《ゆうこん》な筆致で菩薩像《ぼさつぞう》を描いた作例や、密教《みっきょう》の影響を感じさせる彩絵《さいえ》仏像幡があり、香印座（漆金薄絵盤）をかざる華麗な細密画もみのがせない。麻布に墨線描を主とするものには、布作面・十二支《じゅうにし》彩絵布幕・麻布山水図《さんすいず》があり、東大寺山堺四至図《さんがいししず》などの地図類にみられる描写もこれにつながる。

このほか仏龕《ぶつがん》扉絵の神将《しんしょう》像、弾弓《だんきゅう》の散楽図、「大大論《だいだいろん》」と注された人物戯画《ぎが》、曝布彩絵半臂《ばくふさいえはんぴ》の獅子図、黒柿蘇芳染箱《すおうそめばこ》の山水図、密陀絵盆《みつだえぼん》の人物・花鳥画《かちょうが》など、各種の装飾画としての作例が知られる。

これらは、唐代画壇の状況との関連をうかがわせる手掛りであるが、当時の

墨絵弾弓《すみえのだんきゅう》［中倉169―1］弓身の細密画

鳥毛立女《とりげりつじょの》屏風《びょうぶ》［北倉44］第1扇（部分）

墨画仏像《すみえのぶつぞう》［南倉154］

楓《かえで》蘇芳染《すおうぞめ》螺鈿《らでん》槽《そうの》琵琶《びわ》［南倉101―1］捍撥《かんばち》騎象奏楽図《きぞうそうがくず》

●―絵画

●――「大大論《だいだいろん》」戯画《ぎが》［続修別集48］

●――青斑石《せいはんせきの》鼈合子《べつごうす》［中倉50］

国内での画家のあり方は、渡来系の技術者たちにリードされる工房的集団のなかから、個として独立するにはいたっていない状況も示しているようである。

彫刻

このジャンルは、伎楽面に代表される。桐材による木彫面と、麻布と漆で形づくられる乾漆面とがあり、彩色・貼毛・油掛けなどの装飾が加えられる。伎楽面は、一四種（内訳は前述）計二三面で一セットをなすのが標準の構成であるが、正倉院の伎楽面は、作者名のはいった中央工房作の面とならんで、地方諸国の工房で製作されたセットもあり、いくつかのグループに分類される。このグループ間で、技法上の特色に差があることが、近年の調査でしだいに明らかになっており、注目される。

石材の彫刻としては、鼈《すっぽん》の姿を写実的に表現した青斑石《せいはんせきの》鼈合子《べつごうす》や、十二支・四神《しじん》の霊獣が絡み合う姿を浮彫であらわした白石《はくせきの》鎮子《ちんす》（白石板）がある。

書蹟

書かれた文字の多彩なありようを一つひとつ認識し（なぜここでは、こう書かれねばならなかったのか）、さらにさかのぼって、文字を書くことのそのものの

呉女《ごじょ》［南倉1　木彫17号］

酔胡王《すいこおう》［南倉1　木彫47号］

崑崙《こんろん》［南倉1　木彫101号］

獅子《しし》［南倉1　木彫128号］

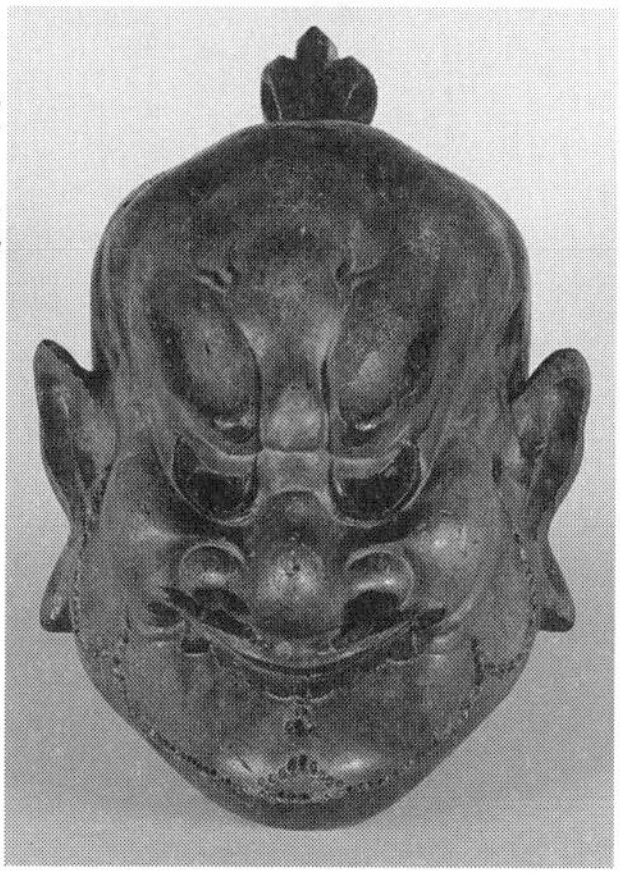

力士《りきし》［南倉1　木彫24号］

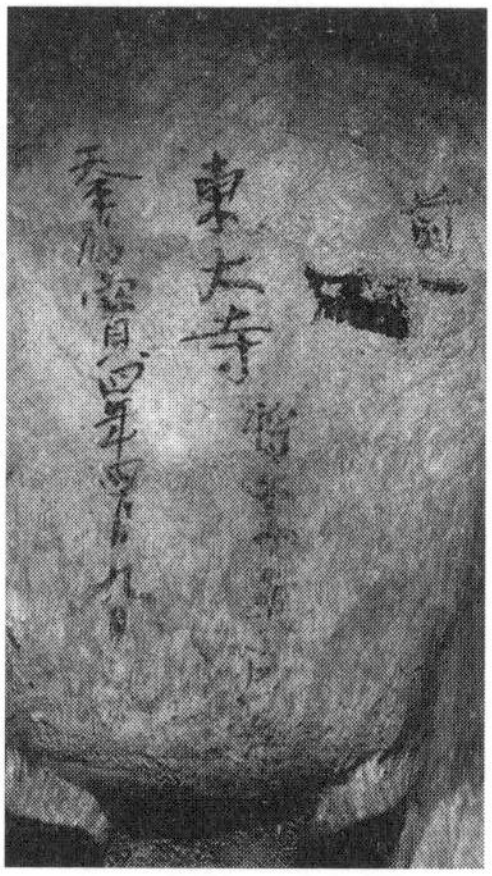

力士面《りきしめん》　裏面墨書《うらめんぼくしょ》

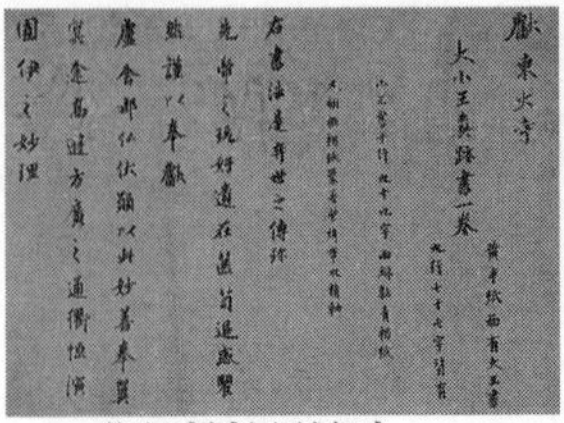

●──大小王真跡帳《だいしょうおうしんせきちょう》［北倉160］

●──楽毅論《がっきろん》［北倉3］ 巻首（右）・巻末（藤三娘《とうさんじょう》自署）

意味を考える。「技法別」というならびのなかに書蹟《しょせき》をおく場合、単なるテクニックの問題だけでなく、このように意味を拡張して考えねばならないだろう。このジャンルについては、大量に残された正倉院の文字資料がそのまま研究対象となるが、とりわけ聖武天皇・光明皇后の自筆の書（雑集《ざっしゅう》・楽毅論《がっきろん》・杜家立成《とかりっせい》）や、献物帳（国家珍宝帳・種々薬帳《しゅじゅやくちょう》・屛風花氈等帳《かせんとうちょう》・大小王真跡帳《だいしょうおうしんせきちょう》・藤原公真跡屛風帳）の書などは、当時の日本の書の水準をあらわす作例である。また、書のベースとなる文房具（筆墨硯紙など）から、文字を書く環境をうかがうことができる。

全般に、当時の書は、王羲之《おうぎし》▲の書の大きな影響のもとにあり、いわゆる六朝《りくちょう》風の書風がベースにあることがうかがわれるが、これに初唐《しょとう》風・盛唐《せいとう》風など時期ごとに流行をみる要素が加わり、謹直《きんちょく》な写経体《しゃきょうたい》から日常の気楽な書き振りまで、この時代の書は、幅広い側面をみせる。当時の書のあり方は、芸術として個性を自由に発揮するというより、局面ごとに、どう書かねばならなかったか、という規範《きはん》が強く働いたようである。

木工

日本が多様な木材を豊富に産する国であったこともあり、正倉院宝物中の木工品の伝存例は多い。指物《さしもの》を中心に、挽物《ひきもの》・刳物《くりもの》・曲物《まげもの》の各技法が出そろい、奈良時代には高い技術的水準に達していたことがわかる。組《くみ》・矧《はぎ》・留《とめ》・釘打といった接着・接合技法をはじめ、細部にわたる技法が解明されている。木工と組み合わされる装飾技法としては、木画・撥鏤・螺鈿《らでん》・玳瑁貼《たいまいばり》・象嵌《ぞうがん》・嵌玉《かんぎょく》・彩絵・金銀絵・箔押《はくおし》・彫刻などがある。

漆工

日本人と漆の結びつきは縄文《じょうもん》時代にさかのぼるといわれ、正倉院にも多くの漆工《しっこう》品が伝わる。

漆工品の素地には、木製・皮製・麻布・金属がある。木製素地の成形技法は、木工のものを踏襲するが、漆胡瓶《しっこへい》・銀平脱《ぎんへいだつ》合子などにみられる巻胎《けんたい》技法は、漆工に特徴的なものである。皮製の素地は、漆皮箱《しっぴばこ》と称する箱、服飾品の帯・履、馬具、武具などの例がある。麻布素地のものは、型をつかって成形したものに漆を塗り、あとで型をはずして器形を完成する手法で、これを㙞《そく》（塞・夾紵《きょうちょ》）と呼んだ。金属では、鏡の背面を漆平脱《うるしへいだつ》の技法で加飾した例がある。

▼**王羲之**　三〇七年頃〜三六五年頃。中国東晋《とうしん》の書家《しょか》。書聖《しょせい》と称される。羲之の書は日本でももっとも珍重され、古代以来の書に大きな影響をあたえた。

●漆胡瓶《しっこへい》［北倉43］

紫檀木画《したんもくがの》槽《そうの》琵琶《びわ》［南倉101—2］裏面（部分）

沈香木画箱《じんこうもくがのはこ》［中倉142—12］（部分）

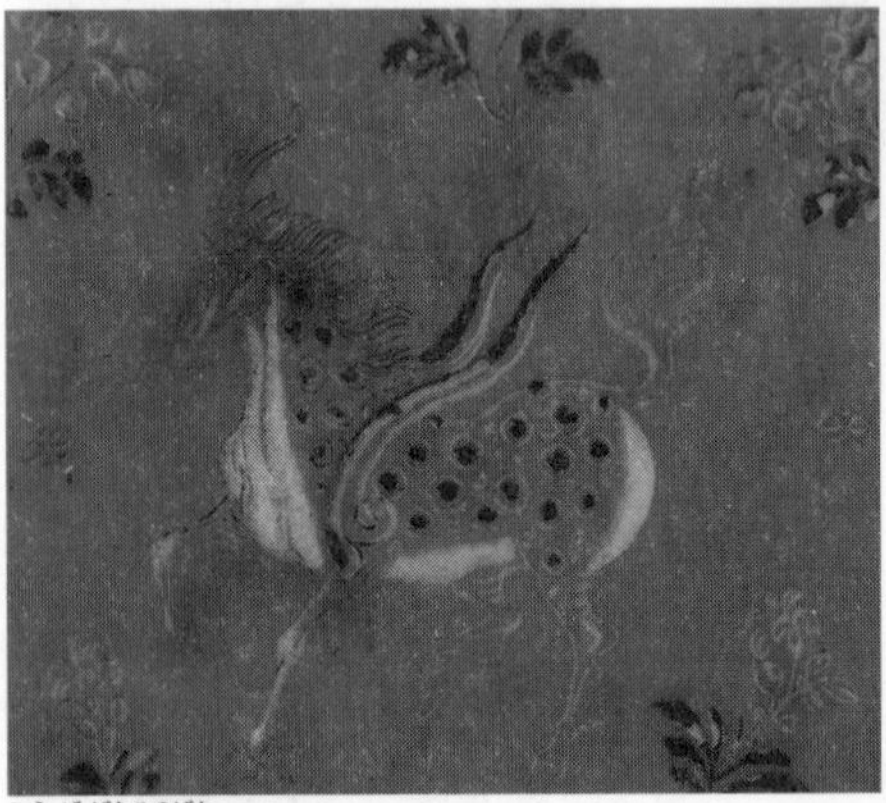

紅牙撥鏤撥《こうげばちるのばち》［北倉28］（部分）

螺鈿紫檀五絃琵琶《らでんしたんのごげんびわ》［北倉29］背《はい》面《めん》螺鈿宝相華《らでんのほうそうげ》

平脱《へいだつ》漆胡瓶《しっこへい》［北倉43］（部分）

蘇芳《すおう》地《じ》金銀《きんぎんの》絵箱《えばこ》［中倉152—26］（部分）

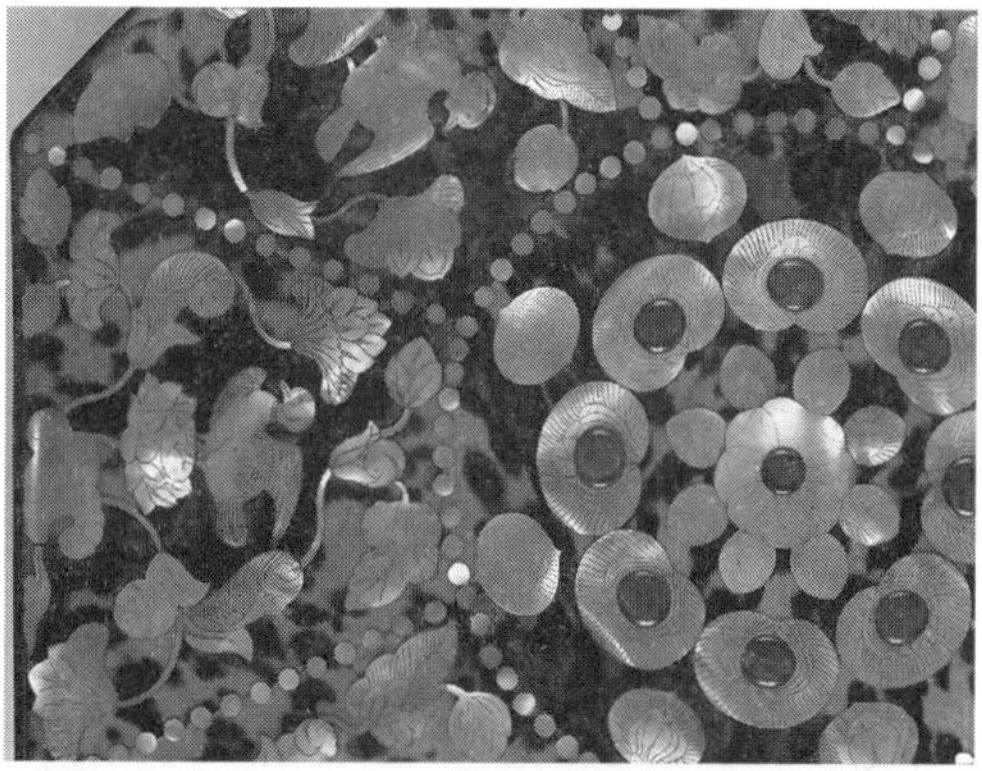

玳瑁《たいまい》螺鈿《らでんの》八角箱《はっかくばこ》［中倉146—19］（部分。宝物名称は「瑇瑁《たいまい》」と表記）

密陀《みつだ》彩絵箱《さいえのはこ》［中倉143—14］

素地づくりのあとは、これに布着せ・下地をほどこし、漆塗りと研ぎの工程を繰り返し積み重ねて、仕上げの上塗り(透漆《すきうるし》)にいたる。また、赤色にそめた素地の上に透漆をかける赤漆《せきしつ》の技法も多用された。これは、漆を使用した加飾ともみられ、編物製の箱に赤漆をかける例もある。

加飾技法としては、漆工に特徴的な平脱・平文、密陀絵、末金鏤《まっきんる》などのほか、金銀絵や螺鈿の技法が用いられることがある。

金工

鋳造・鍛造が基本的な成形技法である。これを接合したり、轆轤《ろくろ》で引いたりして器形を完成させ、表面に彫金・鍍金《ときん》・象嵌などの加飾を行う。

鋳造品の例は多いが、鏡、火舎《かしゃ》、投壺《とうこ》、鉢、壺、八曲長杯《はっきょくちょうはい》、水瓶《すいびょう》、合子《ごうす》(塔鋺)、匙、皿《さら》、加盤《かばん》、三鈷《さんこ》、錫杖《しゃくじょう》、鎮鐸《ちんたく》、鈴など多様である。これらの多くは、銅ないし銅合金製で、銀製がこれにつぎ、鋳鉄製品は、鉄磬《てっけい》残欠が知られるだけである。佐波理《さはり》(銅錫合金)製の食器類は、種ごとの数量が多く、匙は三四五枚、皿は六九七口、加盤は四二六口にのぼる。

鍛造品のうち、鉄を素材とした例では、まず刀剣類があげられる。外装をと

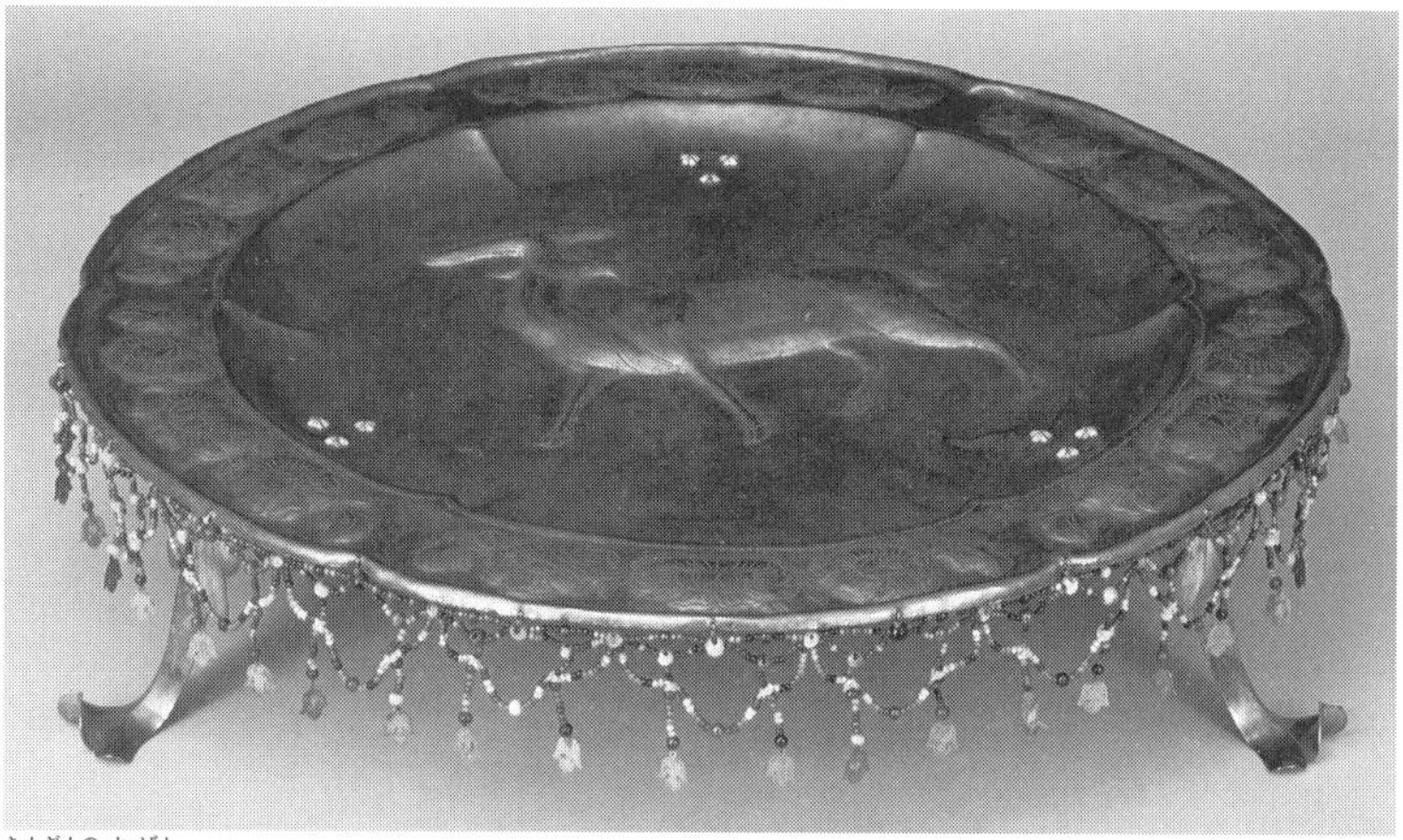

金銀《きんぎんの》花《か》盤《ばん》[南倉18]

銀壺《ぎんこ》 甲[南倉13]

銀壺《ぎんこ》 魚々子《ななこ》

黄銅《おうどうの》合子《ごうす》[南倉30]

金銅《こんどう》花形《はながたの》合子《ごうす》[南倉19—2]

●──金工の技法

●―佐波理加盤《さはりのかばん》［南倉47―1］

もなうもの、刀身のみのものが伝わるが、いずれも反りのない直刀で、平《ひら》造・切刃造・鎬《しのぎ》造・鋒《きっさき》両刃《もろは》造の形式がみられる。刀身・外装を通じて、唐風の形制を基調としながら、そのなかに古墳《こふん》時代以来の伝統的な要素が流れ込んでいることがうかがわれる。鉾の身は、付け根の部分を中空の袋状につくり、先端に焼入れをほどこす。また鉄加工に特徴的な接合法である鍛接《たんせつ》技法によるものは、馬具の鐙・銜《はみ》、仏具の三鈷・錫杖、鑷子《さす》などがある。

銀薫炉・銀盤・銅薫炉などは、板状の金属を槌《つち》で打って立体に成型したものである。

装飾工程における彫金では、透彫《すかしぼり》・毛彫《けぼり》・蹴彫《けりぼり》・魚々子打《ななこうち》の手法があり、銀・銅に鍍金した金銀・金銅も仕上げの手法として多用される。

染織

染織は、衣食住の語があるように、人間の生活に密着しながら発展をとげた分野である。動植物の繊維の線から、広がりをもった面へ転化した繊維製品は、律令《りつりょう》制の税の代表的品目として絹織物・糸・綿・麻布が指定されるほど、社会の基層で普遍的な価値をもつ存在であった。一方、さまざまな技巧を凝らし

綾《あや》 白橡綾錦几褥《しろつるばみあやのにしきのきじょく》[南倉150—30]

錦《にしき》 琵琶袋《びわぶくろ》[南倉103]

夾纈《きょうけち》 紺地夾纈絁几褥《こんじきょうけちあしぎぬのきじょく》[南倉150—14]

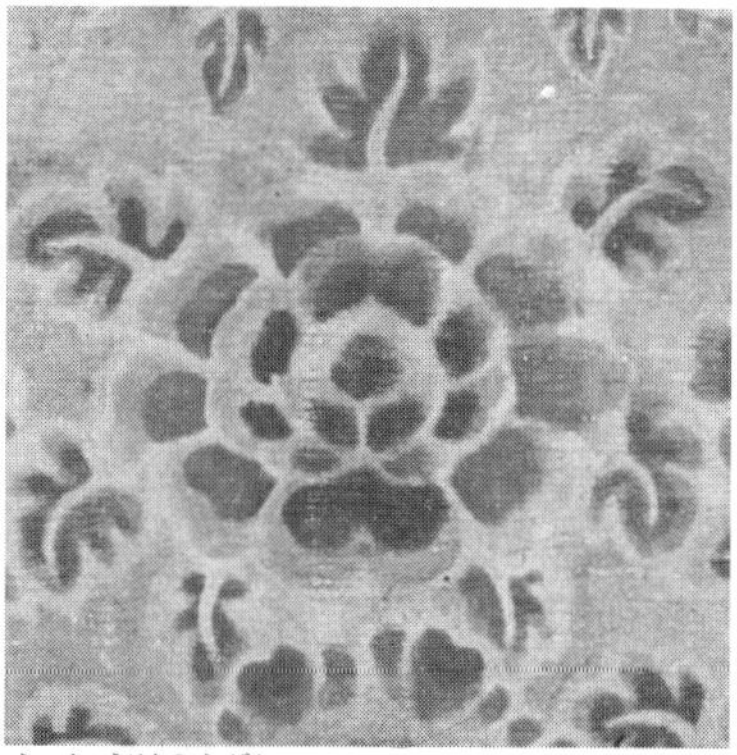

羅《ら》 夾纈羅幡《きょうけちのらばん》[南倉185 129号櫃118号]

刺繡《ししゅう》 花喰鳥《はなくいどり》刺繡[南倉185 128号櫃雑31号]

臈纈《ろうけち》 御袈裟箱袋《おんけさはこぶくろ》[北倉 1]

●—染織 — 組織と染め

た高級染織品もこの時代には生産されている。いわゆる正倉院裂《ぎれ》と総称される大量の染織品は、国家珍宝帳に記載された品のほか、大仏開眼会関連品、聖武天皇御一周忌関連品という、時期の明らかな群として把握できるものを多く含み、時代的に先行する法隆寺《ほうりゅうじ》裂(法隆寺伝来の染織品)の存在とあいまって、七世紀から八世紀にわたる技法的進展のありさまを伝える。

織りの技法で主要なものをあげると、平《ひら》織物として無文の布(麻布)・平絹《ひらぎぬ》があり、地一面に文様をあらわす織物としては、斜文組織(綾《あや》組織)による綾、綟《もじり》組織による文羅《もんら》がある。数種の色糸を用いて色柄を織りだした錦《にしき》(経糸《たていと》に複数の色糸を用いる経錦《たてにしき》《けいきん》と、緯《ぬき》に多色の糸を使う緯錦《ぬきにしき》《いきん》)は、もっともはなやかな織物であるが、織技《しょくぎ》のバリエーションが豊かである。

先染めの糸を織る錦以外は、染めによる着色は裂地が織り上がったのちになされる。全体を一色で後染めするほか、夾纈《きょうけち》(板締め防染)、纐纈《こうけち》(絞り染め)、﨟《ろう》纈《けち》の技法があり、直接裂地に描く彩絵・摺絵《すりえ》の技法もみられる。また刺繡《ししゅう》の技法もみられ、正倉院の作例では、撚《よ》りをかけない平糸を使用し、暈繝《うんげん》配色に特色がある。

これらの裂地が材料となり、衣服類、服飾品、幡、天蓋《てんがい》、敷物、袋、包み、覆い、箱の内貼りなどが製作され、今に伝わったのである。

陶器

この技法による品には、須恵器《すえき》（薬壺《やくこ》・薬碗《やくわん》・硯《けん》）と、正倉院三彩《さんさい》の通称で知られる彩釉《さいゆう》陶器がある。後者は、中国の唐三彩との比較で、産地について議論があったが、素地、轆轤の回転の向き（日本は右回転で特殊）など技法、文様の諸特徴から、いずれも日本製と結論された。

ガラス・玉石

ガラスは、二酸化ケイ素と一酸化鉛を基礎成分とする鉛ガラス（着色剤により緑・褐色・赤色・白色を呈する）と、二酸化ケイ素・酸化ナトリウム・酸化カルシウム・酸化マグネシウムなどの成分からなるアルカリ石灰ガラスに分けられる。

ガラス器は、緑瑠璃《りょくるり》十二曲《じゅうにきょく》長坏《ちょうはい》が鉛ガラスである以外は、白瑠璃碗《はくるりのわん》・白瑠璃瓶・白瑠璃高坏《たかつき》・瑠璃杯・瑠璃壺など、アルカリ石灰ガラス（紺色はコバルトによる着色）で、船載されたものであろう。一方、多数のガラス玉、佩飾品の

磁皿《じざら》[南倉８甲５号]

磁鉢《じばち》[南倉９丙５号]

紺瑠璃杯《こんるりのつき》[中倉70]

戎塩壺《じゅうえんのつぼ》[北倉104]

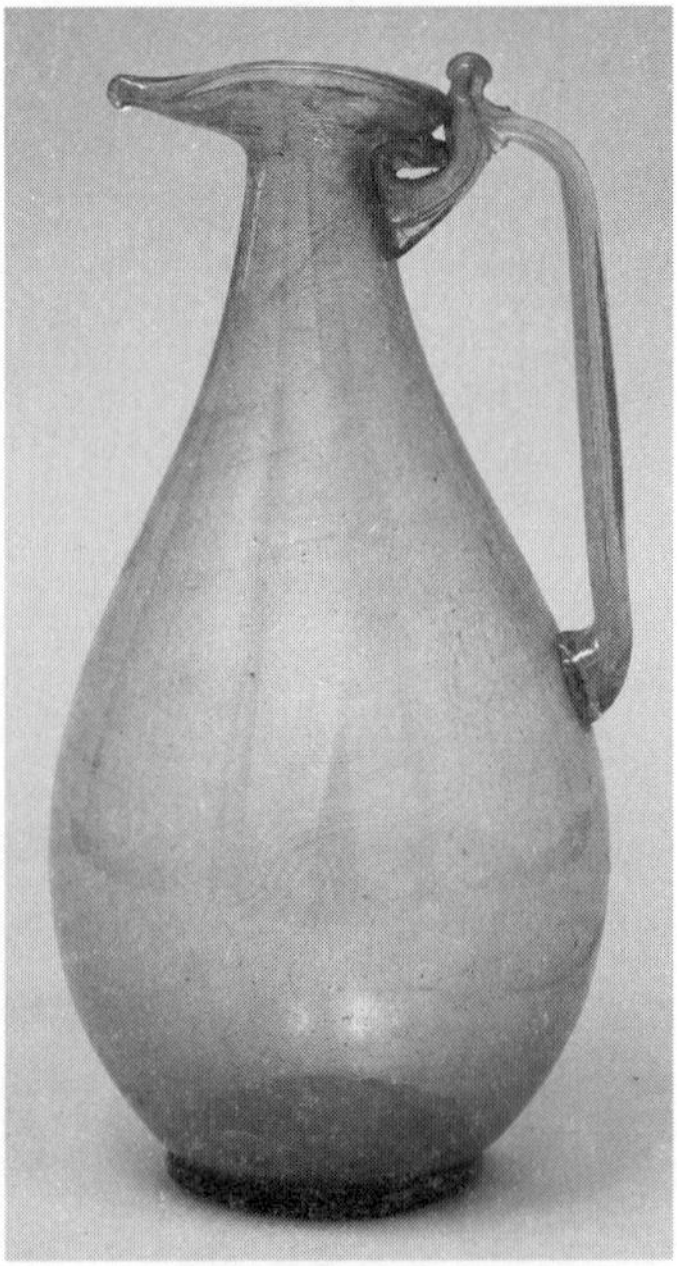

白瑠璃瓶《はくるりのへい》[中倉69]

白瑠璃碗《はくるりのわん》[中倉68]

瑪瑙坏《めのうはい》 大[中倉77]

●──陶器・ガラス器・玉石器

瑠璃魚形・瑠璃小尺、軸端(紺色のものを除く)、黄金瑠璃鈿背鏡《おうごんるりでんはいきょう》の七宝《しっぽう》装飾は、鉛ガラスによる。

また、成形・彫刻・孔《あな》あけ・磨きなど、玉石《ぎょくせき》加工の事例も少なくない。

その他

さきに、書かれた文字に着目することを起点とする「書蹟」という視点を紹介したが、文字を書く行為そのものを支える紙と製紙技術も、重要なテーマである。

古代日本の紙のようすが明らかになったきっかけは、昭和三十年代に実施された正倉院の紙の調査によってであるが、最近の調査によって、あらたな見方がでてきた。これまでは、「溜漉《ためずき》」「流漉《ながしずき》」の用語を用い、両者を時期的な先後関係にある技法(溜漉から流漉への進歩)ととらえる見方が一般的で、奈良時代の紙は、全体として発展の萌芽的なものを含む様相であると位置づけられていた。

しかし、正倉院の紙を概観すると、必ずしも時期の新旧が紙の出来と相関関係があるとはみられない。技術面では、正倉院文書が生み出された八世紀のなかで徐々に向上していったとみるよりも、それ以前のかなり早い段階から高度

●—白葛箱《しろかずらのはこ》［北倉3御書箱《ごしょばこ》］

な水準に達した製紙技術が獲得されていたと考えたほうがよいのではないかと思う。

また、材質面では、三椏《みつまた》、檀《まゆみ》、苧麻《ちょま》、苦参《くじん》、楡《にれ》といった、これまでのちの時代になってから使用が開始されたとみられていたもの、あるいは正倉院文書や延喜式《えんぎしき》など、文献上だけで知られていたものも含めて、多様な植物繊維が実際に紙の原料として使用されていたことがわかった。

総じて、正倉院文書にみられる八世紀の紙の様態には、均質性（技術水準として、必要に応じて上質の紙も、塵の多い粗紙も漉き分けることができるレベルに達している）と多様性（原材料の種類も手間のかけ方もさまざま）の二つの側面がみてとれる。これは、律令国家の本格的スタートにともなう急激な紙の需要増大（用途もこれにともなって多様化）、技術移転による対処、原料の調達の問題などが複合化した結果と考える。非効率的なものは、試行錯誤のなかで、その後に淘汰されていったのであろう。

このほか、編み物（花籠・葛箱《かずらのはこ》・柳箱《やなぎばこ》・籧篨籠《きょじょがん》）や甲角細工《こうかく》（象牙《ぞうげ》・鹿角《しかづの》・貝）など、重要なものはまだあり、一つの品のなかに各種の技法が複合して用いられることも多い。

ちなみに、もの重視の視点を貫きつつ、日本古代の技術の諸相を概観した古典的著作である小林行雄『古代の技術』正・続は、Ⅰ轆轤（陶車《とうしゃ》始原・横軸轆轤・竪軸轆轤）、Ⅱ機織（麻布平織・無機台機・異文雑錦・錦綾織成・有機台機）、Ⅲ皮革（革の盾《たて》・革甲《かわよろい》革筥《かわばこ》・熟皮《つくりかわ》韋皮《おしかわ》・皮革拾遺）、Ⅳ髹漆《きゅうしつ》（髹漆始原・黒漆の時代・夾紵と塞《そく》・初漆中漆花漆・赤漆と朱漆・密陀絵・末金鏤と蒔絵《まきえ》・平脱と平文・螺鈿・金漆）、Ⅴ金銀（陸奥《むつ》産金・黄金憧憬・細金細工・金箔工芸・鍍金鍍銀・金器銀器）、Ⅵ鋳銅（成形の型・媒介の型・鋳鏡《ちゅうきょう》技法・東大寺鋳鏡・銅錫配合・銅錫鉱産）、Ⅶ結合（紐綴《ひもとじ》結合・枘差《ほぞさし》結合・石棺木櫃《せきかんもくひつ》・校倉《あぜくら》造・釘鋲《くぎびょう》結合・接着結合）、Ⅷ編物（網代《あじろ》・簀席《すむしろ》編《へん》織《しょく》・籠籭《かごしたみ》・隼人《はやと》造籠・葛箱柳箱藺箱《いばこ》）、Ⅸ瑠璃（瑠璃始原・瑠璃小玉・瑠璃容器・瑠璃成形・鉛釉《えんゆう》灰釉《かいゆう》）、Ⅹ屋瓦《やがわら》（屋瓦源流・造瓦《ぞうが》技法・瓦窯《がよう》遺址・造瓦所経営・興福寺《こうふくじ》造瓦）の項目を立てて、古代の技術を概観している。

「もの」と文字

以上の、豊かな「手わざ」の世界は、専門家が宝物の詳細な調査を行った結果、比喩的にいえば、「もの」から直接に聞取り調査を行った成果ということができる。関連品を多く実見、あるいはながい実作の経験を積んだ熟練の「聞き手」ならではの、実りあるインタビューといえよう。

ただ、正倉院宝物の場合、「もの」の隣に、同時代の文字で書かれた史料がよりそい、聞き手との意思の疎通の大きな助けになっている例も多いことは特筆しておかなければならない。たとえば、献納宝物にそえられた献物帳の記載は、名称のほかに寸法・用途・技法・材質・由緒など、どの方向からの問いかけにも答えられる用意周到な内容を備えている。

また、正倉院文書に目を移すと、土器《どき》生産に関する浄清所解《じょうせいしょげ》、瓦の名称を記す造東大寺司文書、染料名のみえる染蕩纈所解など、多彩な紙の名称を記す写経所文書など、技法に資する記述は算《かぞ》え切れない。

さらに、興福寺西金堂《さいこんどう》(一〇〇ページ参照)・法華寺《ほっけじ》金堂・石山寺《いしやまでら》については、その造営の経過を記した史料が伝存する。建築という「もの」として、正倉院宝庫は貴重な奈良時代の遺例であるが、それ以外に、同時代の造営の詳細な記録が残ることの意味も大きい。さらにここにも、鏡の鋳造、ガラス・陶器の製作

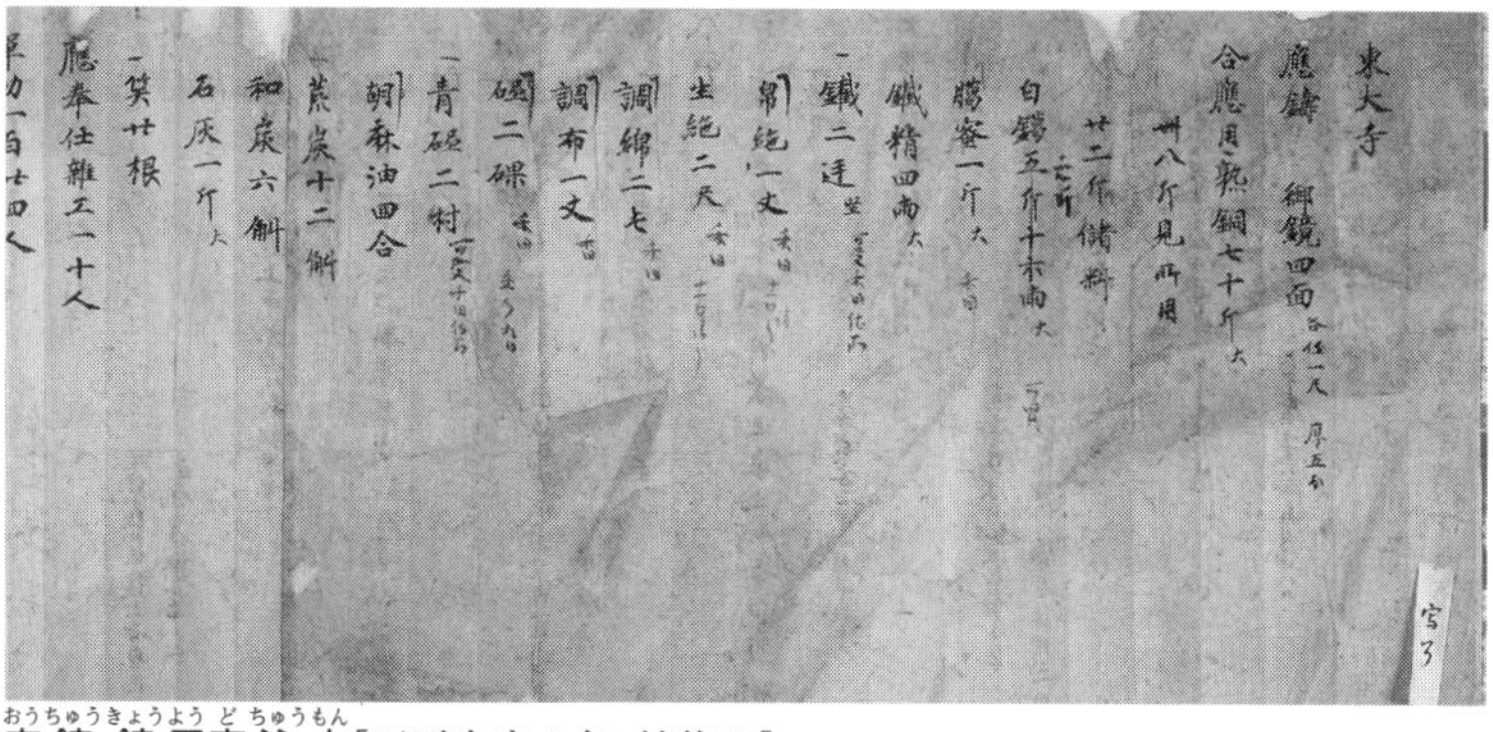
東大寺
應鑄　御鏡四面
合應用熟銅七十斤大
卌八斤見所用
廿二斤備料
白鑞五斤十六両大
臈蜜一斤大
鐵精四両大
一鐵二連
帛絁一丈
生絁二尺
調綿二屯
調布一丈
礪二顆
一青砥二村
胡麻油四合
一炭十二斛
和炭六斛
石灰一斤大
一笶廿根
應奉仕雜工一十人
単功一百廿四人

応鋳《おうちゅう》鏡《きょう》用度《ようど》注文《ちゅうもん》[天平宝字 6 年　続修40]

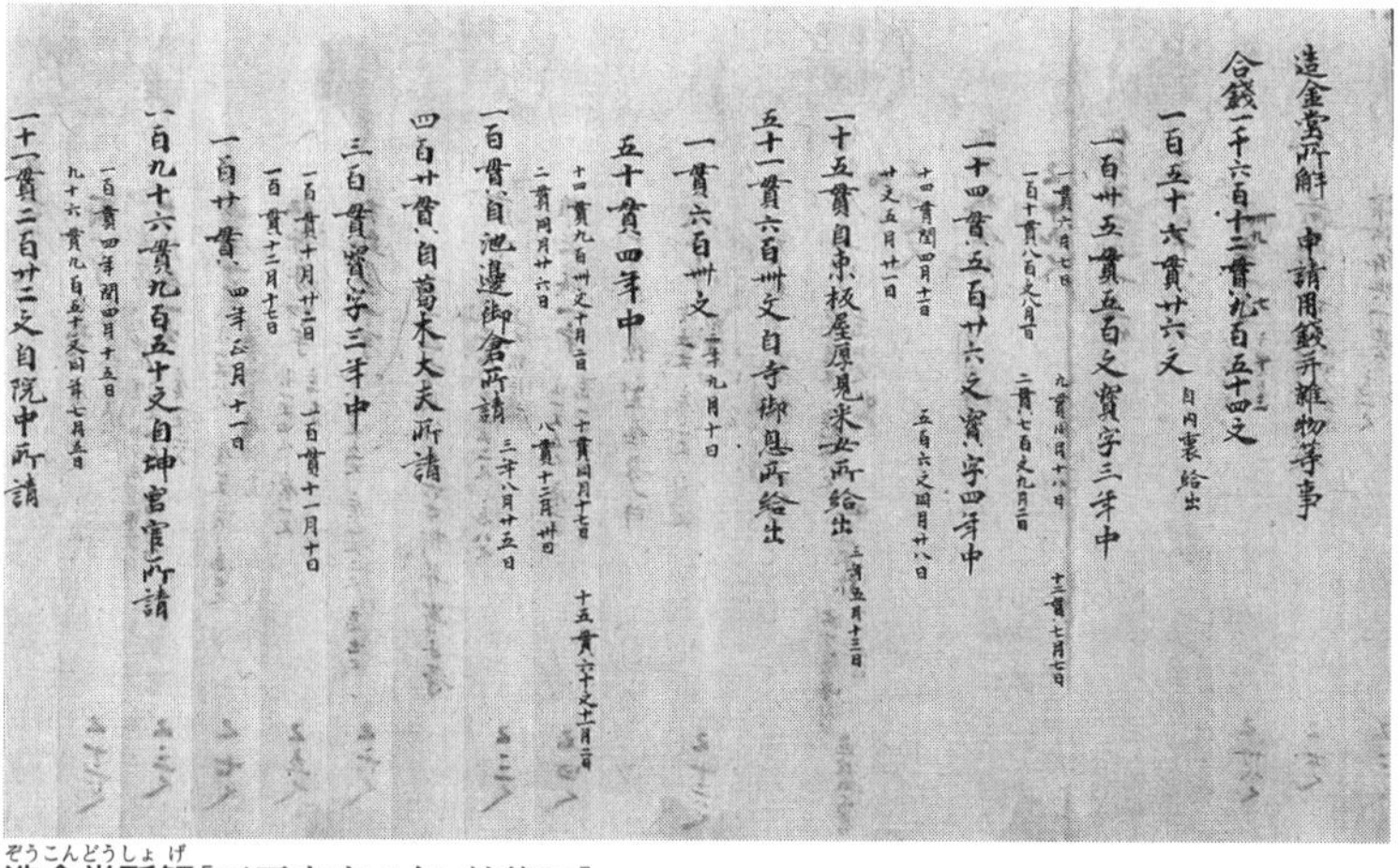
造金堂所解　申請用錢并雜物等事
合錢一千六百十二貫九百五十四文
一百五十六貫廿六文　自内裏給出
一百卅五貫五百文寶字三年中
一十四貫五百廿六文寶字四年中
一十五貫自東板屋厚見未女所給出
五十一貫六百卅文自寺御息所給出
一貫六百卅文
五十貫四年中
一百貫自池邊御倉所請
四百廿貫自葛木大夫所請
三百貫寶字三年中
一百廿貫　四年五月十一日
一百九十六貫九百五十文自坤宮官所請
一十一貫二百卅二文自院中所請

造金堂所《ぞうこんどうしょ》解《げ》[天平宝字 4 年　続修36]

鏡《きょう》背下絵《はいしたえ》[天平宝字 6 年　続修別集48]

●──造営・製作関係資料

をはじめとする、各種技法・材料に関する記載が含まれている。

日本の技術史を考えるうえで、正倉院の時代が、豊かな資源となることに疑いはないし、その内容は、出土品や、発掘によって知られる生産遺構を同時に視野におさめることでいっそう深まっていく。

②──どんな役に立つのか

「文字の宝庫」としての正倉院

正倉院宝物《ほうもつ》を知ることが、日本史にどんな役に立つのか。このような現世利《げんせり》益《やく》を説くことを試みるのは、そういえば今回がはじめてである。

正倉院宝物の始まり。それは、奈良時代のことである。そのなかごろを中心とする時期、いわゆる天平《てんぴょう》時代に相当する。日本の古代国家が、律令《りつりょう》体制というレールの上で走りだした当初に比べれば、かなり安定した体制となり、いくつもの政情不安がきしみを立てたにしても、全体はより大きな慣性の法則に従って進んでゆく。世界史のモノサシをあてれば、八世紀中葉のこととなる。

八世紀の日本は、人びとが、その前の時代と比べものにならない勢いで文字を書くようになった時代である。外国語としての漢語《かんご》(中国語)を学ぶことと並行して、日本語も同じ漢字を用いて表記しようと苦闘した時代から、そう離れてはいない。ほんの少し前まで、口承による記録が十分な重みをもって生きていた。

この文字を使って、八世紀日本の人びとはなにをしたのか。端的にいって、仕事をした、と答えたい。趣味で文字を書く、芸術としての書道、こういったものは、あっても特殊例で、まだ未成立だったと思う。したがって、正倉院に残る文字資料は、ほとんど仕事の痕跡といってよい。

とくに紙に書かれた文字資料についていえば、正倉院の寡占率は非常に高いものがある。文字どおり、「文字の宝庫」なのだ。そして前の時代と比べてはもちろん、あとに続く平安《へいあん》時代と比べても、文字資料の量の集中は、きわだっている。

正倉院には、どのようなものがあるのか。いろいろなものがある、としかいいようがない。「日本史の教科書でならう」範囲では、正倉院といえば、天平の美術工芸というイメージがほとんどかもしれない。だが、今述べた、正倉院が包蔵する豊富な文字資料は、直接役に立ちそうである。その全容を次ページ表にまとめて示す。

●―正倉院所在の文字資料

〔Ⅰ〕 正倉院宝物(〔Ⅱ〕以外のもの)

⑴典籍……雑集，楽毅論，杜家立成(以上，北倉３)，詩序(中倉32)，梵網経(中倉34)

⑵宝物の施入・出納管理に関する文書

①献物帳５巻……国家珍宝帳，種々薬帳(天平勝宝８.６.21献物帳。以上，北倉158)，屛風花氈等帳(天平勝宝８.７.26献物帳。北倉159)，大小真跡帳(天平宝字２.６.１献物帳。北倉160)，藤原公真跡屛風帳(天平宝字２.10.１献物帳。北倉161)

②曝涼帳４巻……延暦６.６.26曝涼使解(北倉162)，延暦12.６.11曝涼使解(北倉163)，弘仁２.９.25勘物使解(北倉164)，斉衡３.６.25雑財物実録(北倉165)

③出納関係文書……礼冠礼服目録断簡(北倉166)，雑物出入継文(北倉167)，沙金桂心請文(北倉168)，出蔵帳(北倉169)，出入帳(北倉170)，王羲之書法返納文書(北倉171)，雑物出入帳(北倉172)，御物納目散帳(北倉173)

⑶正倉院古文書

①正倉院古文書45巻(いわゆる正集。中倉15)

②続修正倉院古文書50巻(中倉16)

③続修正倉院古文書後集43巻(中倉17)

④続修正倉院古文書別集50巻(中倉18)

⑤正倉院塵芥文書39巻３冊(中倉19)

⑥続々修正倉院古文書440巻２冊(中倉20)

⑷雑札(木簡。中倉21)・往来(題籤軸。中倉22)・付札

⑸宝物および納器の銘文

①生産・製作者側で書かれたもの……調庸銘など

②所有・使用者側で書かれたもの……使用者名，所属堂舎名，斤量検定文など

③その他……鳥毛篆書屛風，鳥毛帖成文書屛風など

⑹宝物の材料・付属品となった反故文書……鳥毛立女屛風本紙・下貼，華厳経論帙下貼，鳥兜残欠下貼など

⑺古裂・塵芥整理中に出現した文書などの断片……官戸月粮下給帳断簡，屛風縁裂裏打など

〔Ⅱ〕 東大寺献納図書(中倉14)

⑴東大寺封戸勅書１巻(天平勝宝元)

⑵東大寺封戸処分勅書１巻(天平宝字４.７.23)

⑶造寺司牒三綱務所諸国封戸事１巻(天平勝宝４.10.25)

⑷東大寺山堺勅定１巻(天平勝宝８.６.９)

⑸東大寺山堺四至図１張(天平勝宝８.６.６)

⑹東大寺開田地図10張(近江・越前・越中)

⑺山水図２張〔文字はないが，分類の都合上ここに入れる〕

⑻殿堂平面図１張〔同上〕

⑼酒人内親王献入帳１巻(弘仁９.３.27)

⑽東南院古文書 112巻(付勅書銅板)

〔Ⅲ〕 聖語蔵経巻

⑴聖語蔵経巻

⑵経巻書写に関わる書入れ(経師・校生)・奥書など

⑶聖教類紙背文書

〔Ⅳ〕 その他

⑴日名子文書，佐保山晋円献納文書，御物整理掛購入文書

正倉院の文字資料

このなかでも、量的に最大のまとまりが正倉院文書《もんじょ》である。奈良時代に存在した東大寺《とうだいじ》写経所《しゃきょうじょ》という機関が、その活動にともなって作成・集積した文書群。これが最狭義の「正倉院文書」の内容だが、平たくいえば、写経所の「しごと」の痕跡ということになる。だから、仕事の構造がわかれば、つくられた文書の意味がわかる。文書の中身がわかれば、どんな仕事かがわかる。全体として、正倉院文書には構造があり、そこをうまくつかまえると、写経所の「しごと」の説明はつくのだが、そうはいっても、少々ややこしい。正倉院文書の構造というテーマでは、今まで幾度か述べたことがあるので、別のアプローチをさがそう。今回は、文字資料をもう少し広く、日本古代史全般の理解のために役立てたい。

さらに、ここでは、文字資料とそれ以外の「もの」の仕切りをなるべく低くする、という方針でいきたい。正倉院文書であっても、すべて、抽象化された文字資料である以前に、「もの」としての紙であり、筆で書かれた墨書《ぼくしょ》であり、そこに朱印《しゅいん》が押され、表紙や軸《じく》をつけて巻子《かんす》に仕立て、実際に使用されたものである。

ちなみに正倉院宝物の現在の整理方針は、この基準をかなり厳密に運用している。由緒《ゆいしょ》重視は、銘文《めいぶん》の有無を重視する基本姿勢につながる。たとえば、南《なん》倉《そう》に所属する楽装束《がくしょうぞく》・衣服類の例をあげよう。楽装束の内訳は、大歌《おおうた》・唐古《とうこ》楽《がく》・唐中楽《とうちゅうがく》・唐散楽《とうさんがく》・狛楽《こまがく》・度羅楽《どらがく》・呉楽《くれがく》・林邑楽《りんゆうがく》その他雑楽であり、項目の配列には奈良時代の開眼供養会《かいげんくようえ》の次第が参考にされている。ここで、判定基準は、これらの楽名・役名を記した文字があることであり、銘文を欠くため、続く一般衣服・装身具類(袍《ほう》・浄衣《じょうえ》・襖子《おうず》・半臂《はんぴ》・袴《はかま》・接腰《せつよう》、帯、襪《しとうず》、履《くつ》)に振り分けられた楽装束も少なくない。

日本古代に限らないが、その時代の出来事が、いわゆる「歴史」として叙述されるまでには、かなりの抽象化をへている。具体的なものごとに、政治・社会・経済・文化など、そのようなラベルが貼ってあるわけではない。一方、私たちの手にしているのは、偶然残されたわずかなパズルのピースにすぎない。それでも、正倉院の場合、銘文のあるなしを越えて、同類・関連品のつながりがある。ピースどうしが相互によくつながるほうである。

個々のパズルのピースを適切な位置にあてはめていくためには、完成時に描かれるはずの絵柄が示されていると格段にやりやすい。

一つは、「学校で教わる日本史」には、今現在からみた、歴史の骨格を簡潔に描いているはずだから、高校の日本史教科書や補助教材の見出し・項目の助けを借りるのも有効だろう。

もう一つ、律令は、古代の基本法典である。罪とそれに対する刑罰を定めた刑法典である律と、公務員や一般の人びとにかかわる諸規定・行政手続きについて定めた令。この両者をあわせた律令が、日本において本格的な成立をみたのが、大宝《たいほう》律令▲においてである。正倉院の時代の国制は、ここに──とくに令に──、大きな絵として描かれているといってよい。当時も、この基本設計図の上に、不断の手直しを加えながら詳細図が描かれていくはずであった。

この令の篇目も、小見出しとして使いたい。作戦としては、過去と現在の二つの絵を重ねながら、「正倉院の宝物」のピースをおいていきたい。

▼**大宝律令**　七〇一(大宝元)年に制定された基本法典。はじめて律・令が揃って成立、翌年までに令・律の順に施行され、古代日本の制度の根幹をなした。

布作面《ふさくめん》[中倉202 10号]

大歌袍《おおうたのほう》[南倉118—1]

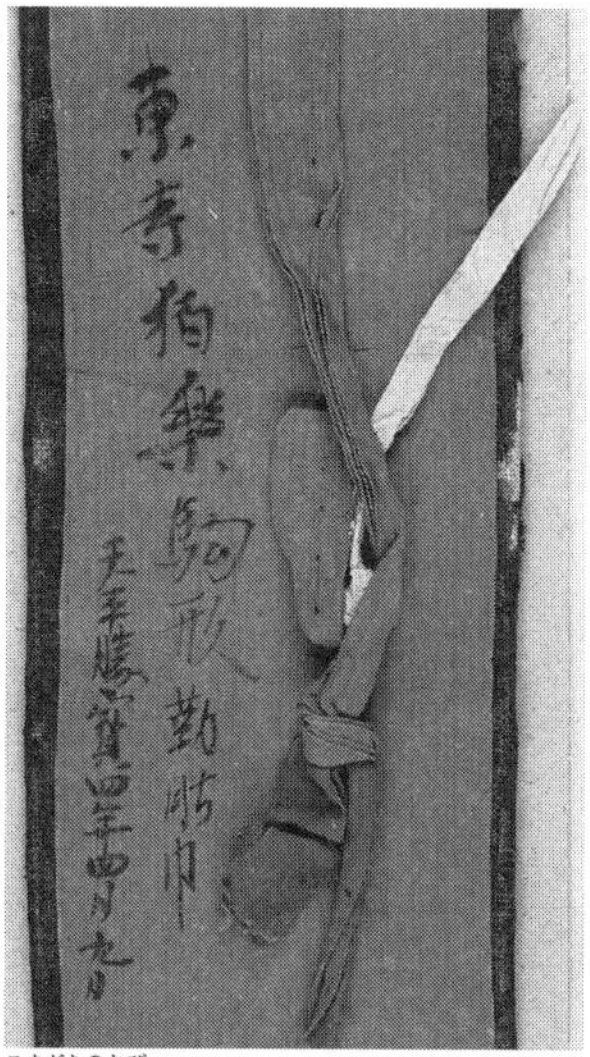

駒形帯《こまがたのおび》 銘文

狛楽《こまがく》 駒形帯《こまがたのおび》[南倉122—7]

度羅楽《どらがく》 久太袴《きゅうたのはかま》[南倉123—7]

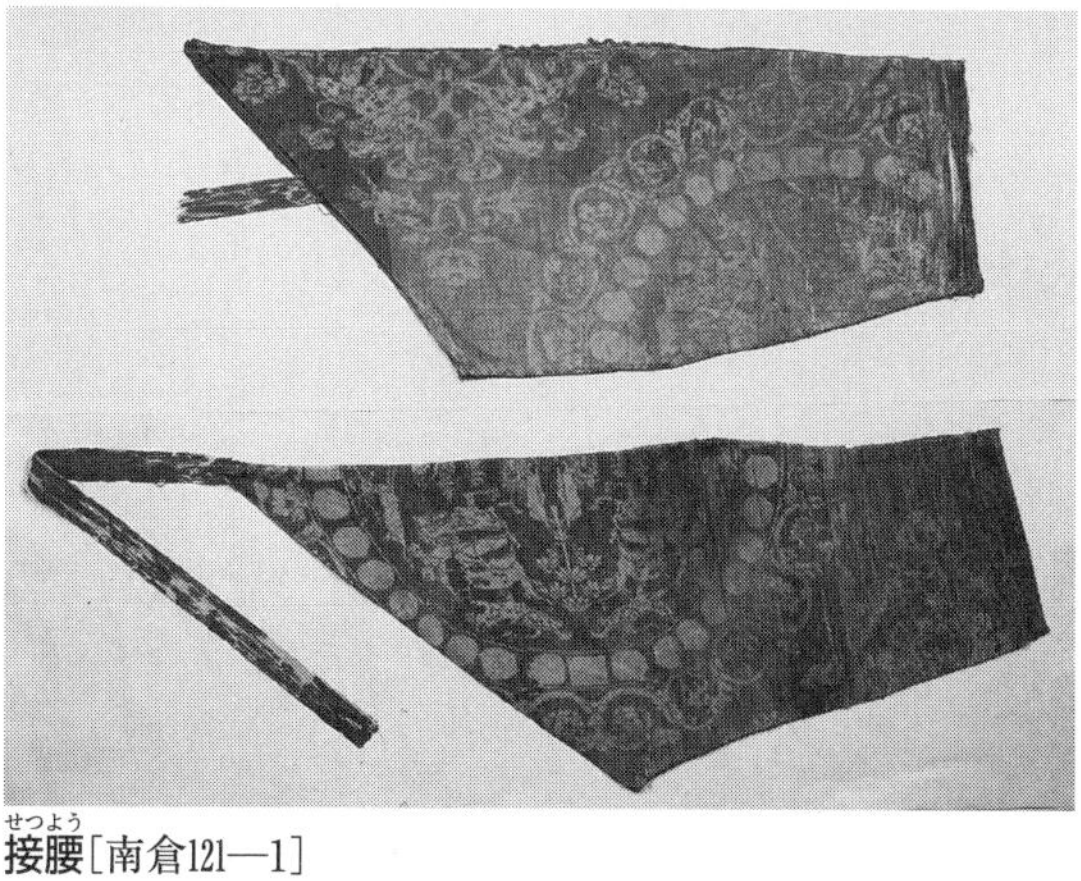
接腰《せつよう》[南倉121—1]

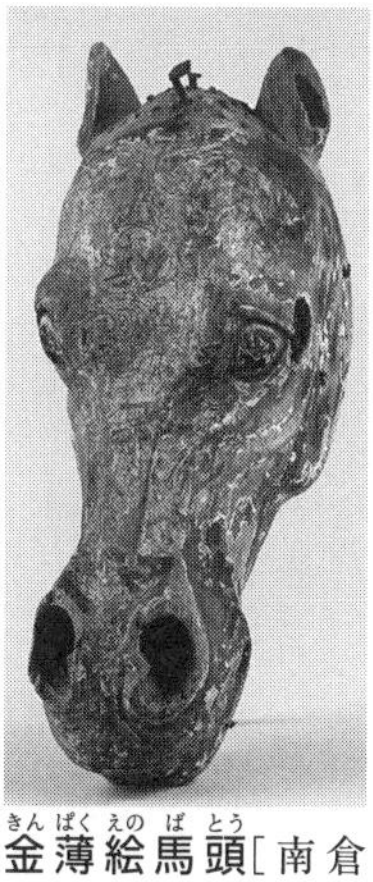
金《きん》薄《ぱく》絵《えの》馬《ば》頭《とう》[南倉174]

●——楽装束と銘文

大宝律令と官僚制——官位令と職員令

律令制を上下の階層的な構造としてとらえた場合、簡単にはつぎのような図式でとらえることができる。まず、上に立つ君主《くんしゅ》と、おさめられる民《たみ》の二つがある。ただし、君主は、万民の統治に直接手をくだすのではなく、臣《しん》を選び、その臣を通じて実際の統治が行われる。臣であることを示すのが位《くらい》である。位をあたえられることで、階層的な身分秩序のなかに参入し、そのどこかに位置づけられた者が、各自の位に応じた官職に就くというのが、基本原則である。これを官職と位の対照表（官位相当の原則）の形で示したのが、令の最初におかれた官位令《かんいりょう》である。律令そのものが、民をおさめる権限を君主から付与された際、そのよりどころとして授けられたものであった。

大宝律令のあと、七一八（養老《ようろう》二）年には、いわゆる養老律令▲の制定があり（この時点での完成を疑う説もある）、現在知られている律令の条文は、律は部分的な写本として、令は注釈書である令義解《りょうのぎげ》▲、令集解《りょうのしゅうげ》▲に含まれる形で、それぞれ伝わるが、ともに養老律令のものである。ただし、養老律令は、完成後すぐにではなく、七五七（天平勝宝《しょうほう》九歳《さい》。改元《かいげん》して天平宝字《ほうじ》元）年にいたって施行され

▼**養老律令**　養老年間（七一七〜七二四）に制定された律令。藤原不比等《ふひと》を中心に編纂事業が進められた。施行は、藤原仲麻呂（不比等の孫）首班時代の七五七（天平宝字元）年まで遅れた。

▼**令義解**　養老令の官撰《かんせん》注釈書。八三三（天長《てんちょう》十）年完成、翌年施行。提示された公式解釈自体が法としての重みをもち、養老令の内容も令義解の形で伝わった。

▼**令集解**　養老令の私撰《しせん》注釈書。先行する令義解の解釈に他の諸説を付加・対比する形で集成されたもので、注釈の対象は養老令のほか大宝令にもおよび、独自の価値をもつ。

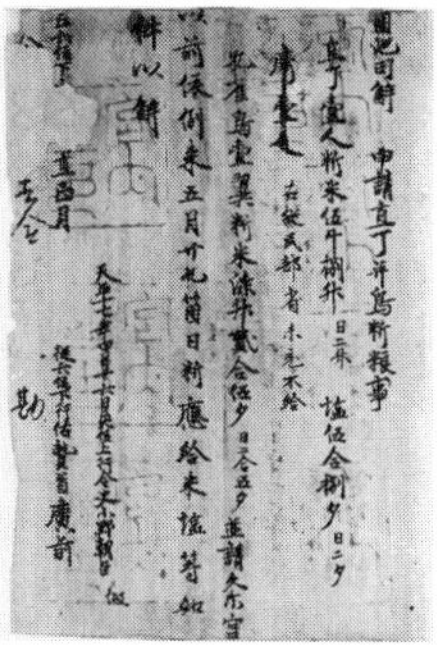

●——大粮申請継文《だいろうしんせいつぎぶみ》（園池司）［天平17年　正集3］

たのであり、これ以前の現行法は大宝令であった。ただし、二つの律令のあいだの変化は、いくつかの条文が内容変更に踏み込むのを例外として、多くは名称・字句のおきかえだという説もある。本書でも、二つの令を同一と考えてもかまわない場合、とくに断わらない。ちなみに、正倉院文書のなかに、「新令十巻」を黄色にそめて装潢《そうこう》を加えるためそちらにお送りする、という安都雄足《あとのおたり》の書状が残っているが、これは養老令の施行に近い時期のものであろう。

職員令

続いて、国の行政機関と組織・職掌・職員を定める職員令には、二官八省《にかんはっしょう》以下の中央官制、京と五畿七道《ごきしちどう》の行政区分に基づく地方官制が列挙される。ここに定められた官職と位や、官司の種別によって異なる四等官《しとうかん》の表記については、正倉院文書のなかにみえる肩書きをもつ多くの人びとが、そのまま豊富な実例となる。

各官司そのものが作成した文書の類でまとまって伝わっているのは、七四五（天平十七）年の大粮申請継文《だいろうしんせいつぎぶみ》である。これは、中央の各官庁が、自分の役所に配属された仕丁《しちょう》（労務作業員）らの食料（米・塩）と布または綿（現物貨幣の意味ももつ)の請求を行った申請文書で、中小の諸官司からの請求は、上級の二官八省レベルで取りまとめを行い、そこで印を押して、大粮支給の所管官庁である民《みん》部《ぶ》省《しょう》宛に提出された。請求は隔月に二カ月分ずつ行われ、二・四・八・十月の各月末に諸司《しょし》から提出された分が残る。配属先で仕丁が従事するのは、それぞれ固有の業務であるが、食料請求などは、官庁共通の手続きに従って行われたのである。また、仕丁と同等の給付を受ける、神祇官《じんぎかん》の宮主《みやじ》・卜部《うらべ》、縫殿《ぬいどの》寮《りょう》の宮人《きゅうにん》、右衛士府《えじふ》の衛士《えじ》、木工《もく》寮の斐太《ひだの》(飛騨)匠《たくみ》、雅楽《ががく》寮の歌女《うため》、造宮省《ぞうぐうしょう》の医師《いし》などの公粮《こうろう》もまとめて請求されているが(身分として同等というわけではなく、同額支給のものを便宜上まとめたものであるが)、園池司《えんちし》からは、恭仁宮《くにきゅう》▲の庭園で飼われていた孔雀《くじゃく》の食料の請求も上がっている。

文書の提出元(移《い》・解《げ》という文書形式を含めて差出書と称する)となっている官司を例示すると次のようになる。

神祇官・中宮職《ちゅうぐうしき》・皇后宮職・左右大舎人寮《おおとねりりょう》・内蔵《くら》寮・縫殿寮・内匠《たくみ》寮・内《ない》薬《やく》司・内礼《ないらい》司・民部省・主計《しゅけい》寮・主税《しゅぜい》寮・式部《しきぶ》省・治部《じぶ》省・雅楽寮・玄蕃《げんば》寮・諸陵《しょりょう》寮・喪儀《そうぎ》司・兵部《ひょうぶ》省・刑部《ぎょうぶ》省・大蔵《おおくら》省・掃部《かもん》司・宮内《くない》省・大膳《だいぜん》

▼**恭仁宮**　奈良時代の宮都《きゅうと》。七四〇(天平十二)年、大宰府で起きた藤原広嗣《ひろつぐ》の乱ののち、聖武天皇によって山背国相楽《そうらく》郡(京都府木《き》津川《づがわ》市)に営まれた。

- **神祇官**
- 太政官
  - 中務省
    - **中宮職**
    - **左右大舎人寮**・図書寮・**内蔵寮**・**縫殿寮**・陰陽寮
    - 画工司・**内薬司**・**内礼司**・**内匠寮***
  - **式部省**——大学寮・散位寮
  - **治部省**
    - **雅楽寮**・**玄蕃寮**
    - **諸陵寮**・**喪儀司**
  - **民部省**——**主計寮**・**主税寮**
  - **兵部省**——兵馬司・造兵司・鼓吹司・主船司・主鷹司
  - **刑部省**——贓贖司・囚獄司
  - **大蔵省**——典鋳司・**掃部司**・漆部司・縫部司・織部司
  - **宮内省**
    - **大膳職**
    - **木工寮**・**大炊寮**・**主殿寮**・**典薬寮**・掃部寮*
    - **正親司**・**内膳司**・**造酒司**・鍛冶司・**官奴司**・**園池司**・土工司・采女司
    - 主水司・主油司・**内掃部司**・**筥陶司**・**内染司**
- 弾正台
- 勘解由使*
- 左右近衛府*
- 衛門府(のち左右衛門府)——隼人司
- **左右衛士府**
- **左右兵衛府**
- **左右馬寮**
- **左右兵庫**(のち兵部省管轄の兵庫寮)
- 内兵庫
- 斎宮寮*
- 斎院司*
- 修理職*
- 施薬院使*
- 検非違使*
- **春宮坊**
  - 舎人監・主膳監・主蔵監
  - 主殿署・主書署・主漿署・主工署・主兵署・主馬署
- 後宮十二司——**内侍司**・**蔵司**・**書司**・**薬司**・**兵司**・**闈司**・**殿司**・**掃司**・**水司**・**膳司**・**酒司**・**縫司**

●——律令官制表(中央)　＊は令外官，**太字**は発出した文書が残る官司。

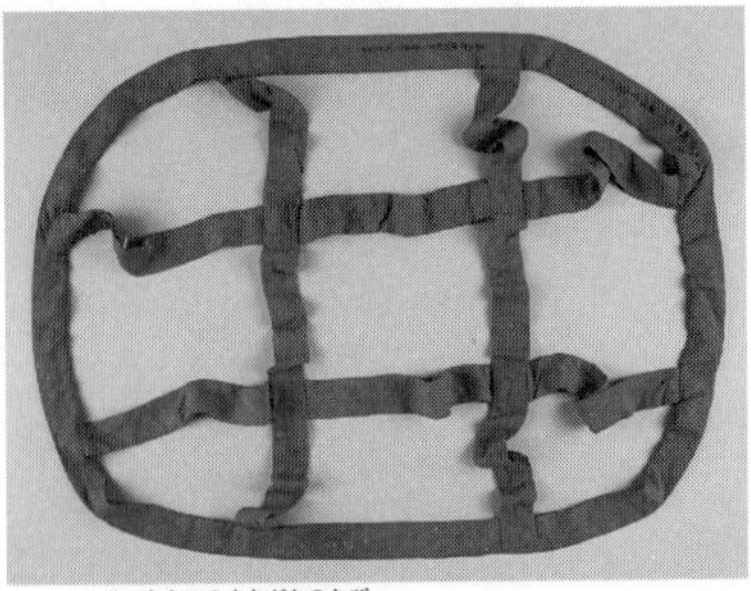

●——櫃覆町形帯《ひつおおいのまちがたのおび》[南倉147 7号]

職・木工寮・大炊《おおい》寮・主殿《とのも》寮・典薬《てんやく》寮・正親《おおぎ》司・内膳《ないぜん》司・造酒《ぞうしゅ》司・官奴《かんぬ》司・園池司・内掃部《うちのかもん》司・筥陶《はこすえ》司・内染《ないせん》司・右衛士府・左右兵衛府・左右馬《め》寮・左兵庫《ひょうご》・左右京《きょう》職・春宮坊《とうぐうぼう》・造宮省・造甲可寺所《ぞうこうがじしょ》

また、このなかには、式部省・兵部省・刑部省・春宮坊のように、所管の官《かん》司《し》分を本省で取りまとめて請求している例と、下級官司からの請求をださせて、文書自体を全部貼り継いで、長い請求書類に仕立てて提出する例とがある。中《なか》務《つかさ》・治部・大蔵・宮内の各省が後者に属するのは、成立にいたる歴史的背景の違いがあらわれたものであろう(民部省は、管下の主計・主税二寮から解をださせているが、民部本省は、すべての請求の受け手であり、別に考える必要がある)。集まった文書には、文書内容を証明し、権威づける中務・式部・治部・刑部・大蔵・宮内の省印が押される。これも、治部省印など(役所の実力と直結するものではないだろうが)、印影が薄いものもある。

右は、各官司の職掌からすれば、本筋からはずれた定型的な事務書類にすぎない。官司名を記した宝物も同様である。「図書寮《ずしょりょう》」の銘のある漆《うるし》塗り木製の香《こう》水盆《ずいぼん》、「寮」「内膳司」の銘を付された櫃覆町形帯《ひつおおいのまちがたのおび》(聖武《しょうむ》天皇葬儀関係品)がある

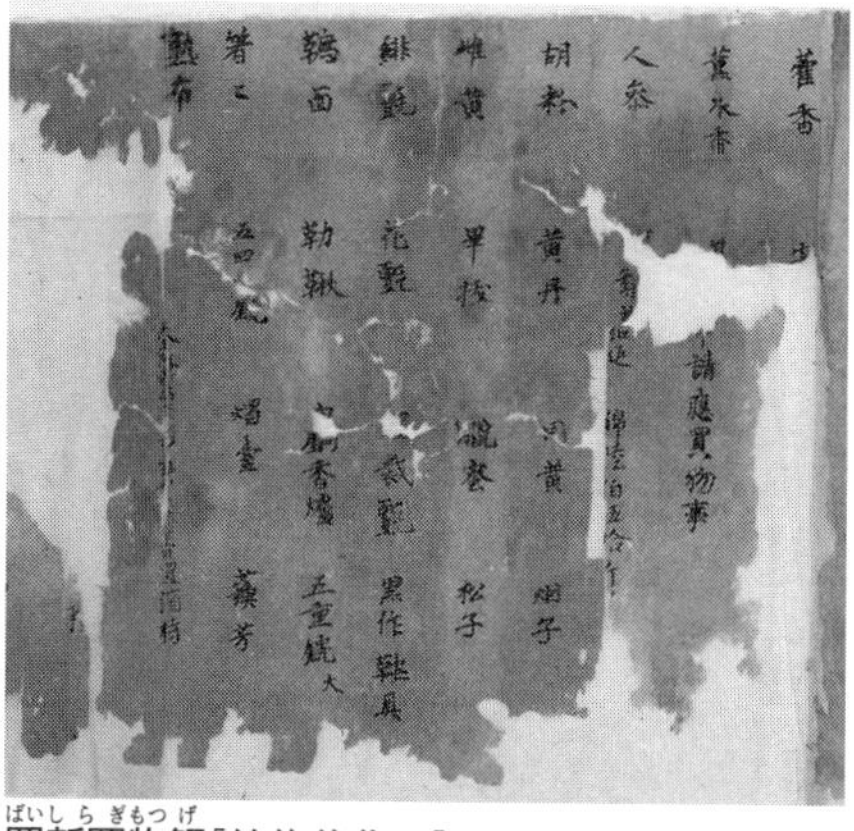
買新羅物解《ばいしらぎもつげ》[続修後集43]

鳥毛《とりげ》立女《りつじょの》屏風《びょうぶ》［北倉44］ 第5扇

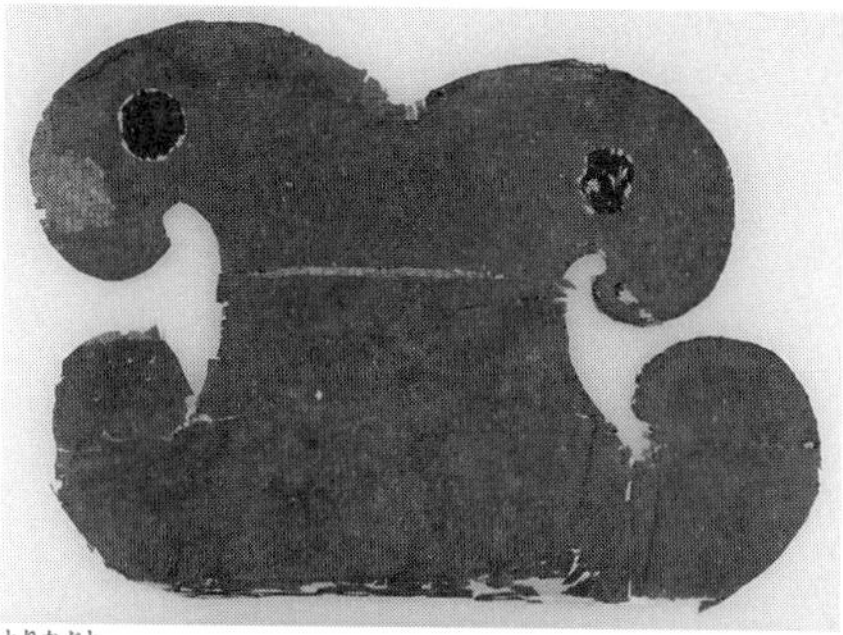
鳥兜《とりかぶと》[南倉 3] 表

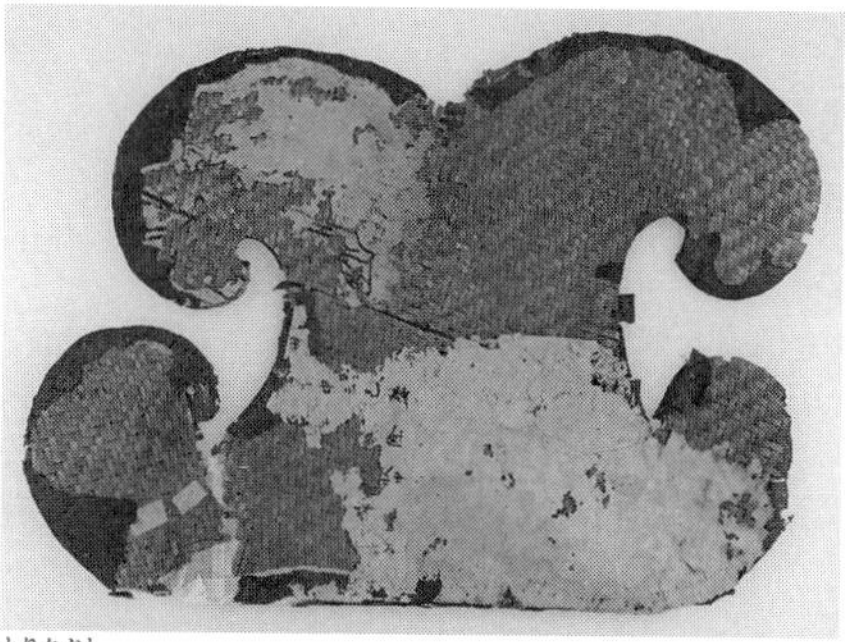
鳥兜《とりかぶと》 裏

鳥兜《とりかぶと》 反古《ほご》1

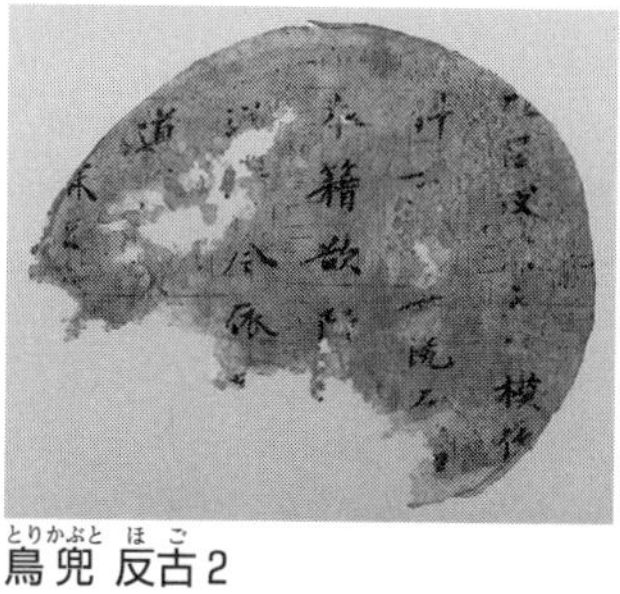
鳥兜《とりかぶと》 反古《ほご》2

●——反古文書の使用例

が、本来の職掌とどれだけの関連をもつかは不明である。それでも、生きて活動していた姿が文書や「もの」の上にとどめられているのは希有のことである。ここにみられる上下の統属関係は、情報や「もの」の伝達・移動のルートであり、律令国家の内側にめぐらされた神経系・循環系といえる。正倉院文書は、律令公文類の反古《ほご》を二次利用したものが多いが、宝物全般に目を向けても、転用された文書の使用が知られている。

その実例としては、鉛《なまり》系の顔料《がんりょう》の一種である丹《たん》(オレンジ色の粉末)の包み紙に使用された造東大寺司《ぞうとうだいじし》文書、鳥毛立女屛風《とりげりつじょのびょうぶ》ほか、屛風の画面本紙や下貼《したばり》に使用された新羅《しらぎ》からの輸入品の購入記録、新羅の村落行政関係文書が下貼に使用された華厳経論帙《けごんきょうろんちつ》、具注暦《ぐちゅうれき》の反古が、補修材として漆で貼りつけられた伎《ぎ》楽面《がくめん》、写経所文書を貼り重ねてつくった経帙《きょうちつ》の模型、楽舞《がくぶ》用の兜《かぶと》の下貼文書などがある。

いずれの場合でも、文書が作成・伝達・廃棄された過程を追跡するには、まず、右のルートをたどることを基本とせねばならない。

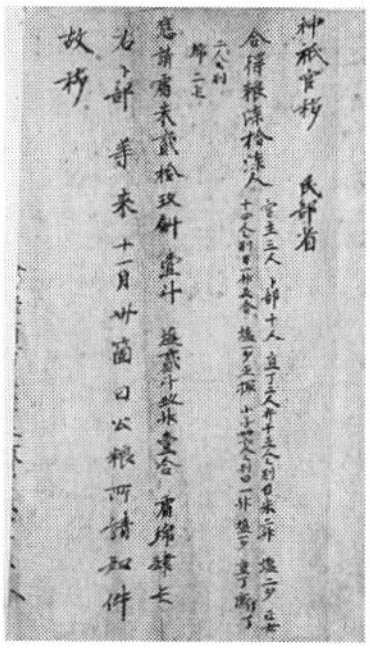
神祇官移

民部省

神祇官移《じんぎかんい》［天平17年　正集1］

国家祭祀と国家仏教の展開――神祇令・僧尼令

神祇令・僧尼令《そうにりょう》という二つの篇目が、令のなかで隣り合っておかれている。ここで定めようとしたものは、概括的にいえば、国家の宗教政策となるが、この表現ではこぼれ落ちる部分も多いし、この二つの令は、片や神祇信仰を統合し、国家祭祀《さいし》としてつくり上げていくための大綱、かたや僧尼を統制するうえでの諸規則（特権を認める内容もあるが、多くは禁止事項）であり、なにを規定しようとしているか、という出発点からかなり方向が違う。

神祇官は、政治の中枢である太政官《だいじょうかん》をおさえて、すべての官の筆頭におかれているが、ここで作成された文書は、正集《せいしゅう》第一巻の冒頭に、前述の仕丁の食料請求関係のものが一通残っているのみである。民部省宛には、移という同格の官司間に使用される形式で文書が送られており、印が押されていないこととあわせて、神祇官の格付けと実力の差が論じられたこともある。大倭国正《やまとのくにしょう》税帳《ぜいちょう》や伊豆《いず》国正税帳などは、神社の収入源となる神税《しんぜい》・神戸《じんこ》などの記載がみえるが、正倉院の宝物や文書が切り取った局面では、神祇令に直接かかわるような内容は、さほど多くはない。七六二（天平宝字六）年の石山寺《いしやまでら》造営関係の文書のなかには、材木を切りだす山作所《さんさくしょ》(杣《そま》)で、山の神に幣帛《へいはく》をささげて祈ったという記載がみえ、写経生が休暇をとって鴨大神《かものおおかみ》や自分の氏神《うじがみ》をまつったという事実が複数例(七七一〈宝亀《ほうき》二〉年の請暇解《せいかげ》)知られているが、逆にこういった日常レベルのまつりは、神祇令で扱うものでもない。

僧尼令

正倉院文書は、その成立の経緯からして、仏教にかかわる内容でないものはない、ともいえる。写経所の上級組織は、造東大寺司であり、造営(造寺・造仏)と写経についての言及は算《かぞ》え切れない。そこにあらわれるのは、ある意味で無味乾燥な経名と人名、数字と日付の組合せである。当時の寺院は仏教学の高等教育機関であり、南都六宗《なんとろくしゅう》▲は、学問集団だから、経典は信仰の対象であると同時に各専攻課程で使用される教科書・参考書である。教科書・参考書をみれば、どの学部で、どういう研究・教育が行われたかがわかる。

それにしても、僧尼令にならぶ、僧尼の行動を規制する条文と、正倉院文書の内容と重なるところは意外にも多くない。

このようななかで、優婆塞貢進文《うばそくこうしんもん》の例は、興味深い。

▼**南都六宗**　奈良時代の僧尼が形成した仏教教学集団。三論《さんろん》・成実《じょうじつ》・法相《ほっそう》・倶舎《ぐしゃ》・華厳《けごん》・律《りつ》の各宗(衆)。

▼『日本霊異記』　古代の仏教説話集。九世紀初めまでに成立。薬《やく》師寺《しじ》僧景戒《けいかい》の撰。

▼行基　六六八〜七四九年。奈良時代の僧。民衆教化や各種の社会活動を積極的に進め、初め政府の弾圧を受けたが、大仏建立《こんりゅう》への協力を通じ、のちには行基菩薩と称されるにいたった。

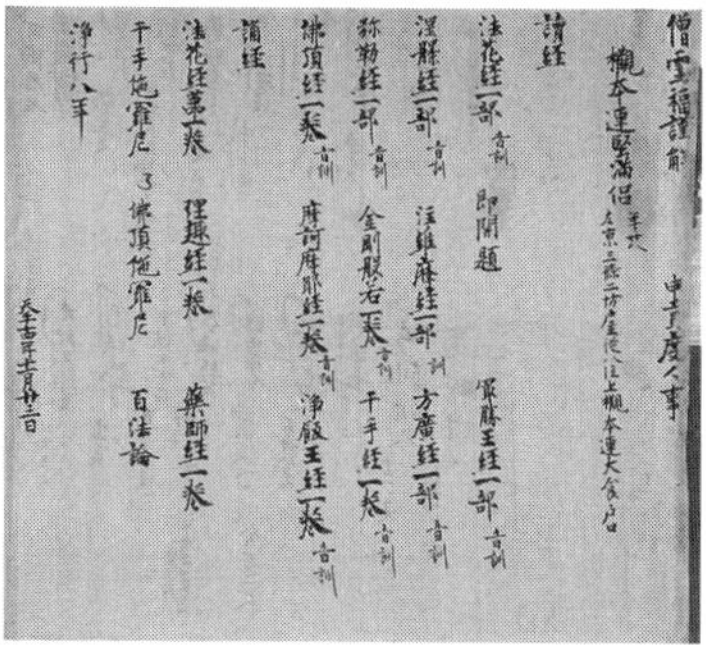
僧霊福謹解　申貢度人事
槻本連堅満侶　年廿六　左京三条二坊戸主従八位上槻本連大食戸口
読経
法花経一部　音訓　最勝王経一部　音訓
即聞題
涅槃経一部　音訓　注維摩経一部　訓　方広経一部　音訓
弥勒経一部　音訓　金剛般若一巻　音訓　千手経一巻　音訓
仏頂経一巻　音訓　摩訶摩耶経一巻　音訓　浄飯王経一巻　音訓
誦経
法花経第一巻　理趣経一巻　薬師経一巻
千手陀羅尼　仏頂陀羅尼　百法論
浄行八年
天平十四年十一月十五日

●──優婆塞貢進文《うばそくこうしんもん》［天平14年　続修18］

当時、民間レベルへの仏教の浸透ぶりは、『日本霊異記《にほんりょういき》』▲にみえる説話、行基《ぎょうき》▲率いる民衆教団の活動、知識経など、いろいろなところにあらわれているが、正倉院文書のなかに、個人の名前として、嶋阿弥陀《しまのあみだ》・無量寿《むりょうじゅ》（二人は兄弟）、春部《かすかべ》法縁《のほうえん》のような仏教にちなむ名前をつけた例（七〇二〈大宝二〉年の御野《みの》〈美濃〉国戸籍）も、同様に算えることができる。しかし、僧尼になろうとして勝手に出家することは許されていなかった。私度僧《しどそう》は僧尼令の禁ずるところだったのである。

在家の仏教信者（優婆塞・優婆夷《うばい》）が得度《とくど》を願う場合、身元や学歴を保証できる人物の推薦に始まる一定の手続きを踏んで許可をえることが必要であった。その推薦状が優婆塞貢進文である。内容は、候補者の姓名・出身地に始まり、これまでマスターした教科内容（音または訓で読める経典、暗誦できる経典、修行年数など）を列挙し、指導教官たる僧の証明が加えられる。選抜試験のため、提出先でいったんまとめられ（試験官のチェックらしき書入れもある）、不要となったのち、写経所へはいったものと考える説が有力である。

もう一つ、僧尼令をみていくうちに気づいたことがある。

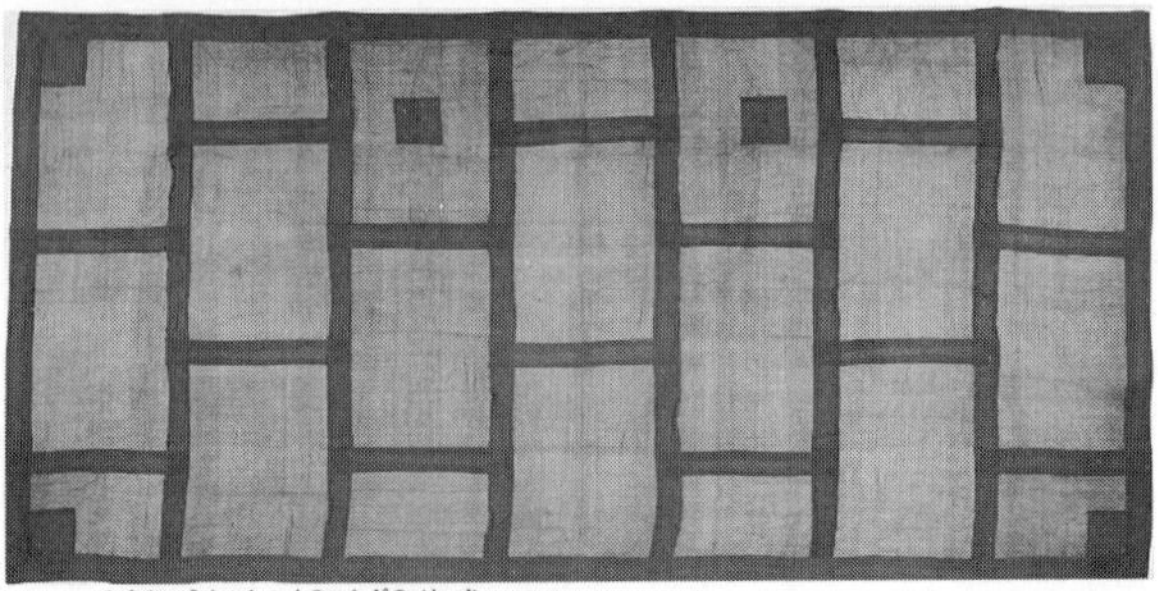

●──七条褐色紬袈裟《しちじょうかっしょくのつむぎのけさ》[北倉1—2]

国家珍宝帳《こっかちんぽうちょう》の筆頭をかざる品、換言すれば正倉院宝物のなかで第一位に位置づけられた品は、「御袈裟《おんけさ》」九領であるが、その二番目に「七条褐色紬袈裟《しちじょうかっしょくのつむぎのけさ》」がある。この袈裟は、九領のなかで唯一「金剛智三蔵《こんごうちさんぞう》所用」という由緒を特記し、インド出身で、中国密教《みっきょう》の初祖となった金剛智（六七一〜七四一）が使用したという所伝をもつ。

ところが、現存する袈裟のうち、これに相当するものは、その材質が羅《ら》でできており、そのためこの品は、献物帳《けんもつちょう》所載の品とは別の、あとで入れかわった品と考える説もあったくらいである。ここで、僧尼令の規定を改めてみてみよう。「およそ僧尼は、木蘭《もくらん》・青碧《あおみどり》・皂《くろ》・黄《き》および壊色《えじき》等の衣着ることを聴《ゆる》せ。余の色、および綾《あや》、羅、錦《にしき》、綺《かんはた》は、並びに服用することを得ず」とあり、これに違反して「羅の袈裟」と堂々と名乗るわけにはいかないだろう。これとは別に、賦役令には、諸国から貢献する特産物の規定があり、そのなかに高級織物類として、「錦、罽《たん》、羅、縠《こく》、紬《ちゅう》、綾」があがっている（営繕令《えいぜんりょう》では、錦、羅、紗《しゃ》、縠、綾、紬、紵《ちょ》について丈量を定める）。ここにみえる「紬」といいかえれば、おとがめなし、のはずである。もっとも、この名前は、袈裟が唐《とう》から伝わった時点です

▼道僧格　道教《どうきょう》の道士《どうし》、仏教の僧尼を規制する法令。中国唐代に制定され、日本の僧尼令にも影響をあたえた。

でについていた可能性も大きいが、規定のほうも、僧尼令の手本となった唐の道僧格《どうそうかく》▲に類似の規定があるから、この巧妙な言換えは、海の向こうでの発案かもしれない。ともあれ、現存品を献物帳所載品と考える際の障碍の一つは取り除かれたとみてよい、と私は考える。

民衆と負担、民衆と土地支配――戸令・田令・賦役令

民衆支配と収奪の基本となる規定は、「ひと」に主眼をおいた戸令《こりょう》、土地に着目した田令《でんりょう》、そしてこの二つの結節点として、人間の労働による生産活動にかかわる賦役令《ふえきりょう》の三つの篇目に集まっている。言い方をかえれば、この戸令・田令・賦役令は、国家の活動を支える財政についての規定ともいえる。

正倉院文書のなかに、支配の基本となる戸籍・計帳《けいちょう》が残っていることは、この小見出しにあげたようなテーマに関連する論説のなかで取り上げられ、よく知られている。

戸籍とは、国家が民衆を把握・支配するため、血縁・家族関係を利用しながら、固定した土地での登録を行ったもので、現在の戸籍と基本的に変わらない。

戸籍の基本単位となる「戸」は、単なる家族ではなく、一定の基準を意識しながら編成された存在である。「戸」は行政組織の最末端に位置づけられ（五〇戸一里《り》制）、隣組《となりぐみ》をつくって助け合うとともに、相互監視も行うシステムであった。戸籍は六年に一度、諸国で作成されて中央に進上され、その詳細は戸令に規定されている。

基本台帳という性格上、戸籍はそう頻繁につくりかえられることはないため（六年一造）、別に人口動態をフォローする資料が必要となる。これが計帳である。計帳は、戸主が提出する「手実《しゅじつ》」（戸の構成員の現状、前年との異同に関する申告書）に基づいて、まず個人名を列記した「歴名《れきみょう》」と呼ばれる形式の文書が作成され、第二段階として、一国全体について、数量的要素だけを分類集計した「大帳」が作成される。人口の動態把握を行うために作成され、実際に力役《りきえき》徴発を行う際にも利用されたため、歴名には各個人の身体的特徴（黒子《ほくろ》・疵《きず》など）が注される。また、本来の住民登録地を離れている者が、「逃」と認定されている例も多いが、調庸《ちょうよう》▲収取のため、現在の所在が判明していればそれも記入される。

両者は籍帳《せきちょう》と並び称され、当時、もっとも重要とされた文書であった。

▼**調庸**　律令制の基本的税目。調は絁（絹織物）や麻布を中心に海産物ほかの多種の品目について、成人男子が規定額の進上と運搬を負担した。庸は歳役（労役負担）の代替負担として布・米・綿・塩をおさめた。

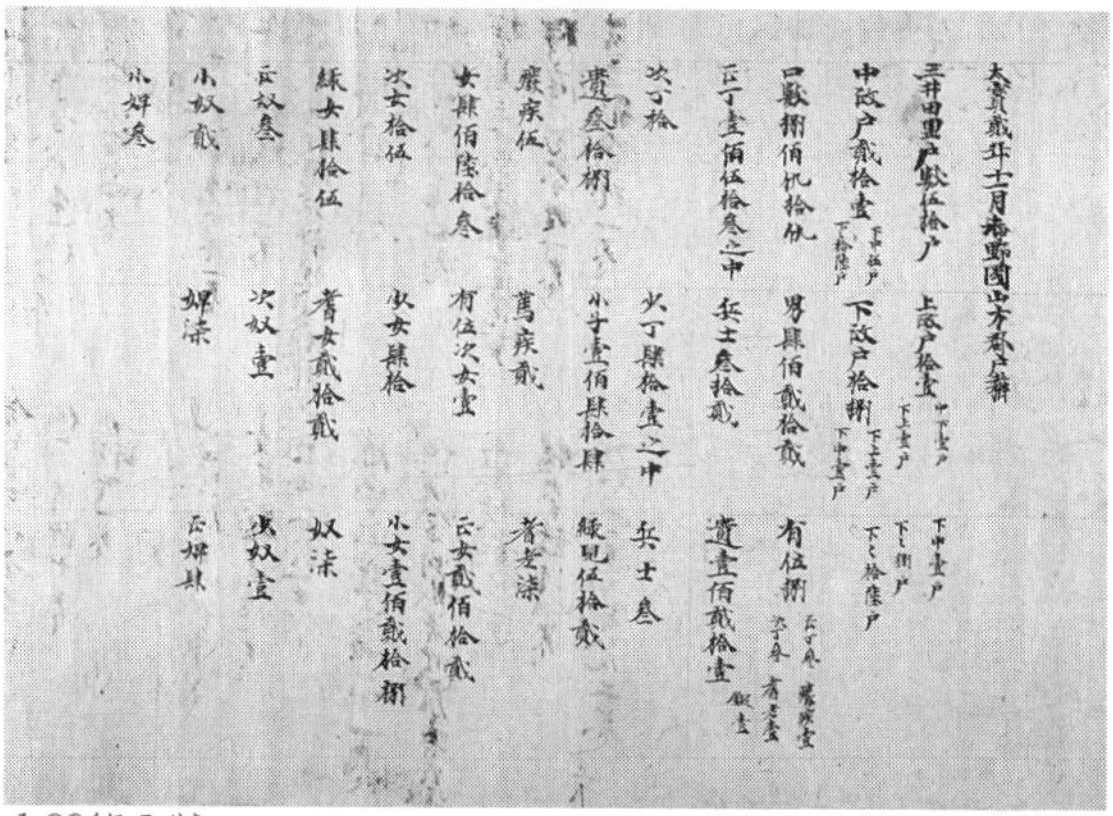

御野国戸籍《みののくにこせき》[大宝2年　正集25]

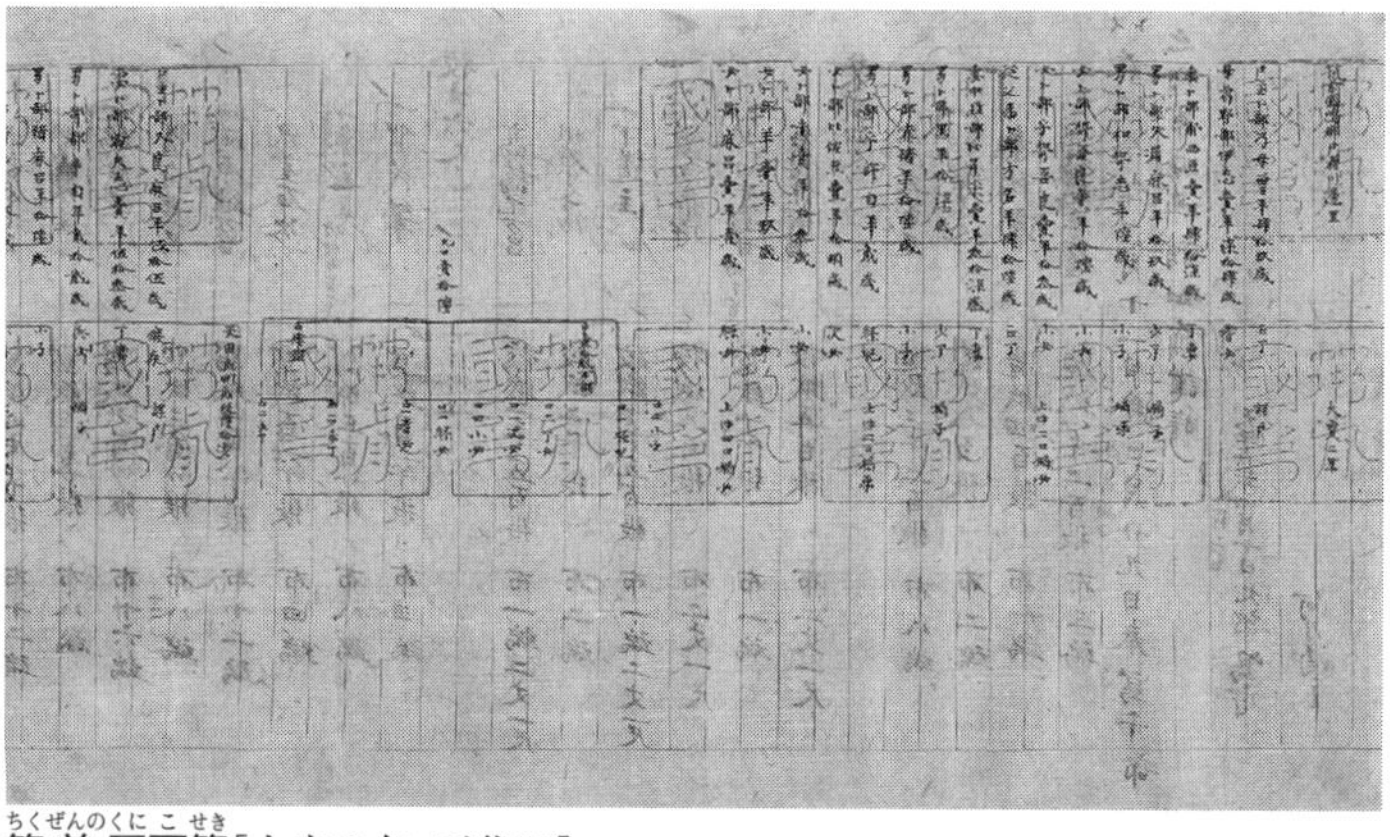

筑前国戸籍《ちくぜんのくにこせき》[大宝2年　正集38]

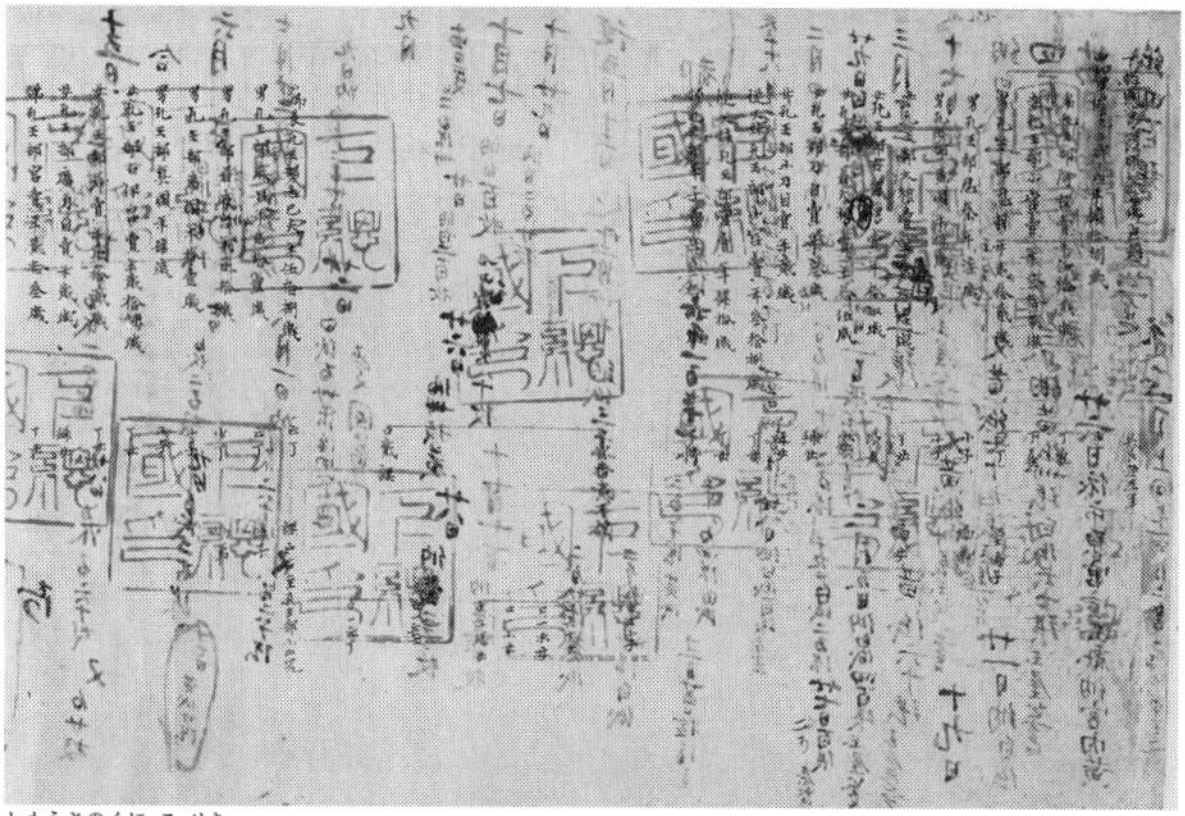

下総国戸籍《しもうさのくにこせき》[養老5年　正集20]

●──戸籍

七〇二(大宝二)年の戸籍は、現存最古の戸籍ということで、教科書にも取り上げられることが多い。同時にこれは、あらたに大宝律令が制定されてのち初の造籍であった。同じ大宝二年の年記をもつ戸籍が、正倉院文書のなかには二種類残っている。一つは東山道《とうさんどう》に属する御野(美濃)国戸籍(岐阜県)、もう一つは西海道《さいかいどう》に属する北部九州地域諸国の戸籍である。美濃は、伝統的にヤマトの政権とつながりが深く、不破関《ふわのせき》を擁する要衝である。戸籍のなかにも「国造」を姓にもつ人びとが多くみられ、現存戸籍の所属郡は、味蜂間《あはちま》(安八《あんぱち》)・本簀《もとす》(本巣《もとす》)・肩県《かたがた》(方県《かたがた》)・各牟《かかむ》(各務《かがみ》)、山方《やまがた》(山県《やまがた》)、加毛《かも》(加茂《かも》)の六郡が知られている。

他方、北部九州は、ヤマトに対して相対的自立度の高い地域である。こちらは筑前《ちくぜん》・豊前《ぶぜん》・豊後《ぶんご》の三国四郡の戸籍が残る(福岡県・大分県)。このうち筑前国嶋《しま》郡川辺里《かわべり》(福岡県糸島《いとしま》市)戸籍には、同郡の郡司《ぐんじ》大領《たいりょう》(長官)肥君猪手《ひのきみのいて》の戸も含まれ、戸口数一二四人におよぶ地方豪族の実態を知ることができる。

また、ほぼ一世代のちに作成された七二一(養老五)年の下総《しもうさ》国戸籍も、葛飾《かつしか》郡大嶋《おおしま》郷(甲和《かわわ》・仲村《なかむら》・嶋俣《しままた》の三里)・倉麻《そうま》郡意布《おう》郷・釬托《かとり》郡山幡《やまはた》郷の三郡分が残っている。

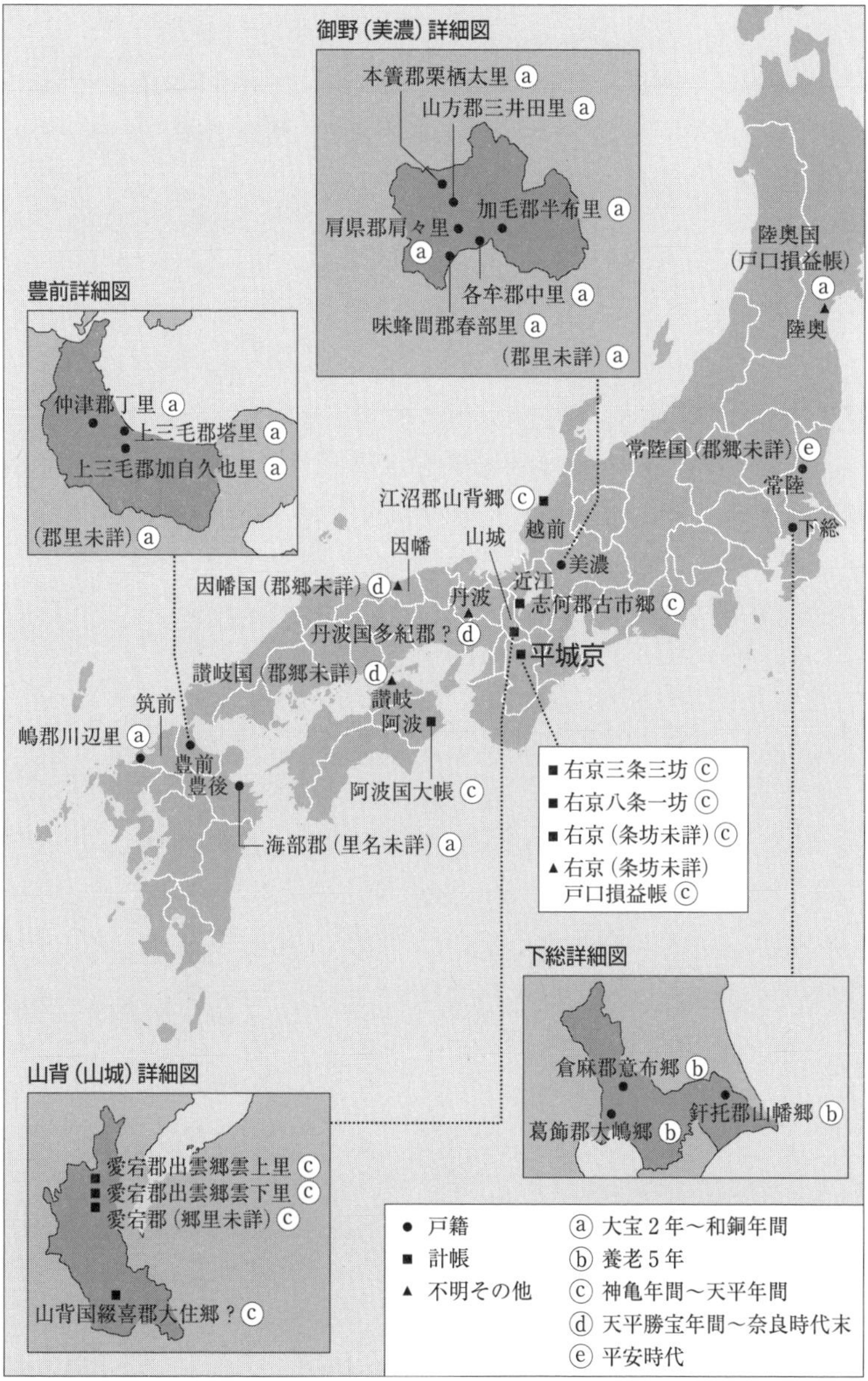
御野（美濃）詳細図
本簀郡栗栖太里 ⓐ
山方郡三井田里 ⓐ
加毛郡半布里 ⓐ
肩県郡肩々里 ⓐ
各牟郡中里 ⓐ
味蜂間郡春部里 ⓐ
（郡里未詳）ⓐ
豊前詳細図
仲津郡丁里 ⓐ
上三毛郡塔里 ⓐ
上三毛郡加自久也里 ⓐ
（郡里未詳）ⓐ
陸奥国
（戸口損益帳）
ⓐ
陸奥
常陸国（郡郷未詳）ⓔ
常陸
下総
江沼郡山背郷 ⓒ
越前
美濃
山城
近江
志何郡古市郷 ⓒ
因幡
因幡国（郡郷未詳）ⓓ
丹波
丹波国多紀郡？ⓓ
平城京
讃岐国（郡郷未詳）ⓓ
讃岐
阿波
阿波国大帳 ⓒ
筑前
嶋郡川辺里 ⓐ
豊前
豊後
海部郡（里名未詳）ⓐ
■右京三条三坊 ⓒ
■右京八条一坊 ⓒ
■右京（条坊未詳）ⓒ
▲右京（条坊未詳）
戸口損益帳 ⓒ
下総詳細図
倉麻郡意布郷 ⓑ
釬托郡山幡郷 ⓑ
葛餝郡大嶋郷 ⓑ
山背（山城）詳細図
愛宕郡出雲郷雲上里 ⓒ
愛宕郡出雲郷雲下里 ⓒ
愛宕郡（郷里未詳）ⓒ
山背国綴喜郡大住郷？ⓒ
● 戸籍
■ 計帳
▲ 不明その他
ⓐ 大宝2年〜和銅年間
ⓑ 養老5年
ⓒ 神亀年間〜天平年間
ⓓ 天平勝宝年間〜奈良時代末
ⓔ 平安時代

●──籍帳の分布

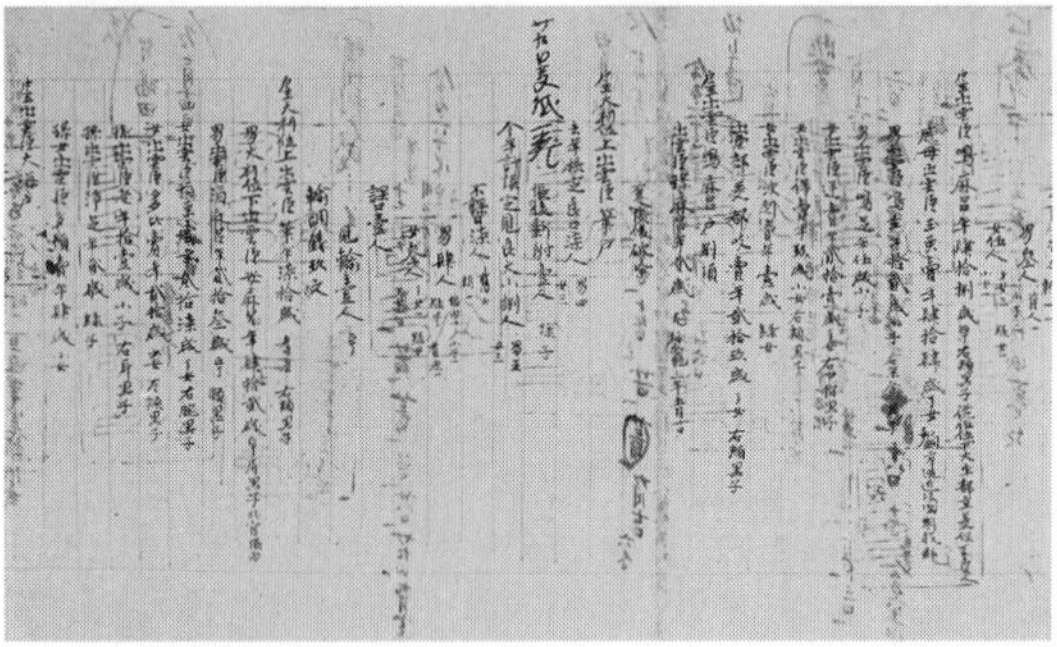

●――山背国愛宕郡出雲郷計帳《やましろのくにおたぎいずもけいちょう》
［神亀3年 正集12］

計帳の例としては、七二六(神亀《じんき》三)年の山背《やましろ》国愛宕《おたぎ》郡出雲《いずも》郷雲上《くものかみ》里・雲下《しも》里《り》、七三三(天平五)年左京三条三坊・八条一坊、同年山背国愛宕郡郷里未詳、七三五(同七)年山背国綴喜《つつき》郡大住《おおすみ》郷(?)などの計帳歴名、年不詳の阿波《あわ》国大帳、七二四〜七四二(神亀元〜天平十四)年にわたる近江《おうみ》国志何《しが》郡手実といった例が残っている。

調庸銘

人を確実に把握することは、税収(人頭《じんとう》税)の確保に直接つながる。例をあげよう。正倉院に現存する白布と黄《き》絁《あしぎぬ》(麻布《あさぬの》と黄色にそめた絹。ともにまいて反物《たんもの》の状態となっている)を取り上げる。白布には「佐渡《さど》国雑太《さわた》郡石田《いしだ》郷曽禰《そね》里の戸、丈部得麻呂《はせつかべのえまろ》の調布《ちょうふ》壱端　天平十一(七三九)年十一月十五日」の墨《ぼく》書《しょ》が、黄絁には「遠江《とおとうみ》国敷智《ふち》郡竹田《たけだ》郷の戸主刑部真須弥《おさかべのますみ》の調の黄絁六丈　天平十五(七四三)年十月」の墨書があり、それぞれに「佐渡国印」「遠江国印」の朱印が押されている。こういうものは、端のほうに、小さく、でしゃばらないように書くのが決まり事である。しかし、長さにごまかしのないことの証明だから、きちんと両端に書き、証明のための印を押す。

これは、律令制の税として知られている租《そ》・調・庸のうちの、調の貴重な実例などである。庸布の例も現存するので、こういった種類の墨書を、調庸銘と呼ぶ。七四ページ図に掲げた諸国は、そこから都《みやこ》に運ばれた調庸物が、正倉院に現存している国である(志摩国のみは正倉院文書の記載)。

「調布」「調黄絁」と書かれていること。少々理屈っぽくなるが、ここにこだわってみたい。直前の「丈部得麻呂」「刑部真須弥」までは、試験の答案やレポートに名前を書くのと同じような意味で、書き手(この場合は、この調をおさめた責任者)が自分の名前を書いたにすぎない。しかし、この「調布」「調黄絁」の文字が書かれることによって、銘文全体が「自分は——である」という「もの」の自己言及に転化する。「もの」と文字の結びつきは、いっそう強固となる。「もの」にそえた付札の文字も同様である。

人頭税としての調が、七三九年の佐渡国、七四三年の遠江国の例で、戸の責任者のもとで麻布一端・絁一匹(六丈)を単位としておさめられたこと、全国の行政区画は七三九年の「国郡郷里」(郷里制)から七四三年には「国郡郷」の構成に変わっていること。両端に国印が押されていること。これらの、当時の民衆支

佐渡国《さどのくに》調布［中倉202 白布12号］

佐渡国《さどのくに》 銘文

信濃国《しなののくに》 銘文（布袴《ぬのはかま》［南倉136―8］）1

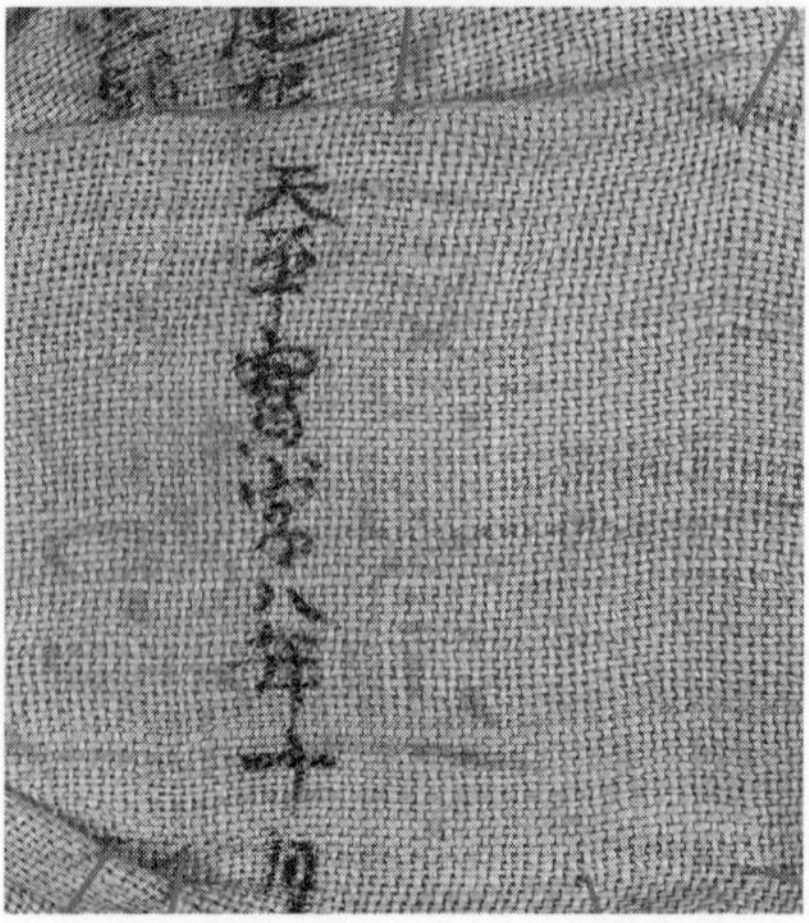

信濃国《しなののくに》 銘文2

●──調布・調絁と銘文

配の方式や租調庸・力役などの諸負担の内容、あるいはその時期的変遷を、私たちは、戸令・賦役令の諸規定や『続日本紀《しょくにほんぎ》』を通じて、知っている。しかし、ここでは「『もの』自身の口から」それを聴くことができる。

正倉院宝物から知られる調庸物の貢進状況を次に示すが、都から遠く離れた陸奥《むつ》・出羽《でわ》・西海道諸国からの進上例がみられない。のちの延喜民部式《えんぎみんぶしき》の規定では、陸奥・出羽は当国、西海道は大宰府《だざいふ》という納入先の指定がなされているが、同じ状況が奈良時代にさかのぼることを示すものだろう。

〔調庸物貢進国一覧〕

東海道《とうかいどう》　志摩《しま》（七二九〈神亀〉六年の輸庸帳《ゆようちょう》に庸塩の記載）、遠江（調黄絁）、駿河《するが》（調布）、伊豆（調布・商布《しょうふ》・調緋狭絁《ひのさあしぎぬ》）、甲斐《かい》（調絁）、相模《さがみ》（調布・庸布・調庸合成布《ごうせいふ》）、武蔵《むさし》（絁・調布・庸布・調庸合成布・交易布《こうえきふ》）、安房《あわ》（調布）、上総《かずさ》（調細布《さいふ》・調貲布《さよみのぬの》・庸布・交易布）、下総（絁・調庸合成布）、常陸《ひたち》（黄絁・調〈曝《ばく》〉布《ふ》・交易布）

東山道　近江（調小宝花文綾《しょうほうかもんあや》〈无綾文《むりょうもん》〉）、信濃《しなの》（調布・調庸合成布・交易布・中《ちゅう》男作物《なんさくもつ》芥子《けし》）、上野《こうずけ》（調黄絁・調布・庸布）、下野《しもつけ》（調布）

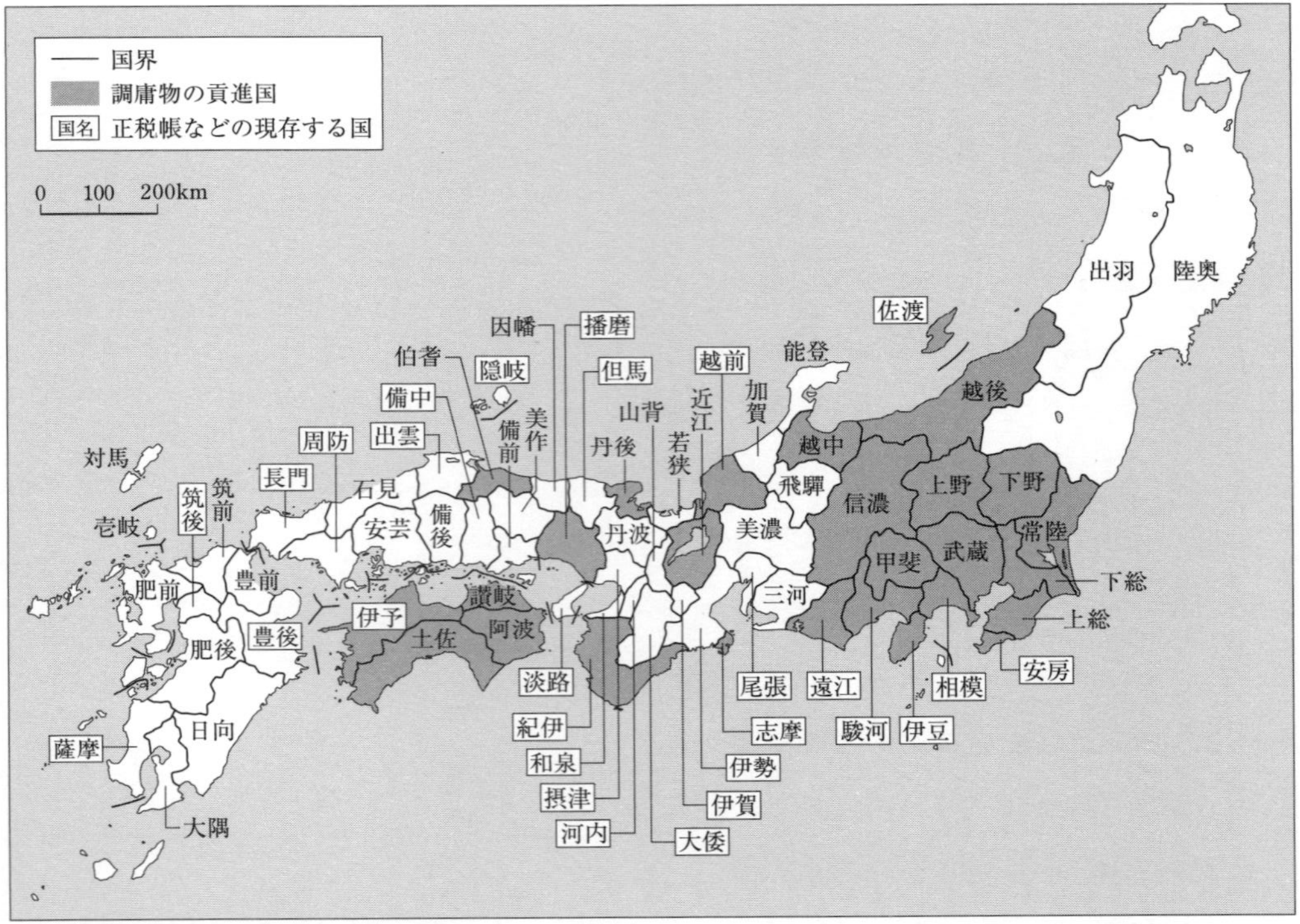

●—調庸物の貢進状況と正税帳などの分布　国名については，本文にふれていないものも含めた。

●銭貨　和同開珎《わどうかいちん》［南倉93］・神《じん》功開寶《ぐうかいほう》［南倉94］

北陸道《ほくりくどう》　越前《えちぜん》（調絁）、越中《えっちゅう》（調狭絁・調綿—綿にそえて送られた紙箋が残る）、
越後（庸布）、佐渡（調布）
山陰道《さんいんどう》　丹後《たんご》（調〈赤〉絁）、伯耆《ほうき》（調狭絁）
山陽道《さんようどう》　播磨《はりま》（調緋染《ひぞめ》狭絁）
南海道《なんかいどう》　紀伊《きい》（調橡《つるばみ》絁）、阿波（黄絁）、讃岐《さぬき》（調絁）、伊予《いよ》（調絁）、土佐《とさ》（調絁）

賦役令の第一条「およそ調の絹、絁、糸、綿、布は並びに郷土の所出に随えよ」の条文は有名で、『日本書紀《にほんしょき》』のいわゆる大化改新詔《たいかのかいしんみことのり》の述作にも影響をあたえたといわれるが、これはまた、奈良時代の会計書類のなかで、項目をならべる際の順序の規範ともなったようである。たとえば、七六〇（天平宝字四）年の法華寺《ほっけじ》に関する収支決算書である「造金堂所解《ぞうこんどうしょげ》」は、銭《ぜに》以下の項目について「いくら収入があり、なににどれだけ使って、いくら残った」をならべるのが基本の構造となっているが、これが、銭、絁、糸、綿、布という順序となっている。銭は、あとから、律令に規定された税の品目を飛び越えて最上位に位置づけられ、布・絁は貨幣の補助手段としての機能も担うようになったが、以下は、

賦役令の順序そのままである（賦役令には絹・絁が併記されているが、現存例、正倉院文書での例ともに、絁が圧倒的に多い）。

また、正倉院には、和銅《わどう》年間（七〇八～七一五）鋳造の和同開珎《わどうかいちん》や、七六五（天平神護《じんご》元）年、称徳《しょうとく》天皇の即位ののち（いわゆる道鏡《どうきょう》▲政権下）に鋳造された神功開《じんぐうかい》寳《ほう》など、少数ではあるが貨幣そのものも伝わっている。

土地支配と正税帳

現物納付による調庸や、労働力の直接徴収である力役（歳役《さいえき》▲・雑徭《ぞうよう》▲）とならんで、土地からの生産物も重要である。中国と比較してみたとき、古代日本では、山川藪沢《さんせんそうたく》を除くすべての土地（熟田、荒廃公私田、空閑地《くうかんち》、荒地）を、現在・過去および未来の田とみなす考え方があり、それが均質な方格《ほうかく》を用いて図化された、日本古代の田図《でんず》のあり方と深く関連している、と私は考えている（「絵図と文書」）。北陸地方を中心に展開した東大寺領についての基本図である開田地図《かいでんちず》は、初期荘園《しょうえん》の展開を示す重要資料で、近江・越前・越中各国の土地を描いた麻布製の地図が正倉院に伝わる。

古代日本の地方財政は、田からあがる米ベースで組み立てられていたが、地

▼道鏡　?～七七二年。奈良時代の僧。孝謙上皇《こうけんじょうこう》の看病を機に政治権力の中枢に進出、法王《ほうおう》の位から、宇佐八幡《うさはちまん》の神託《しんたく》を利用してさらに皇位をうかがったが、失敗して左遷された。

▼歳役　律令制の労役負担の一つ。正丁《せいてい》（成人男子）が年一〇日の実労働の規定があるが、普通には庸の代納が行われた。

▼雑徭　律令制の労役負担の一つ。国郡司《くにぐんじ》の徴発により、正丁（成人男子）の年六〇日以内の実労働などが規定される。

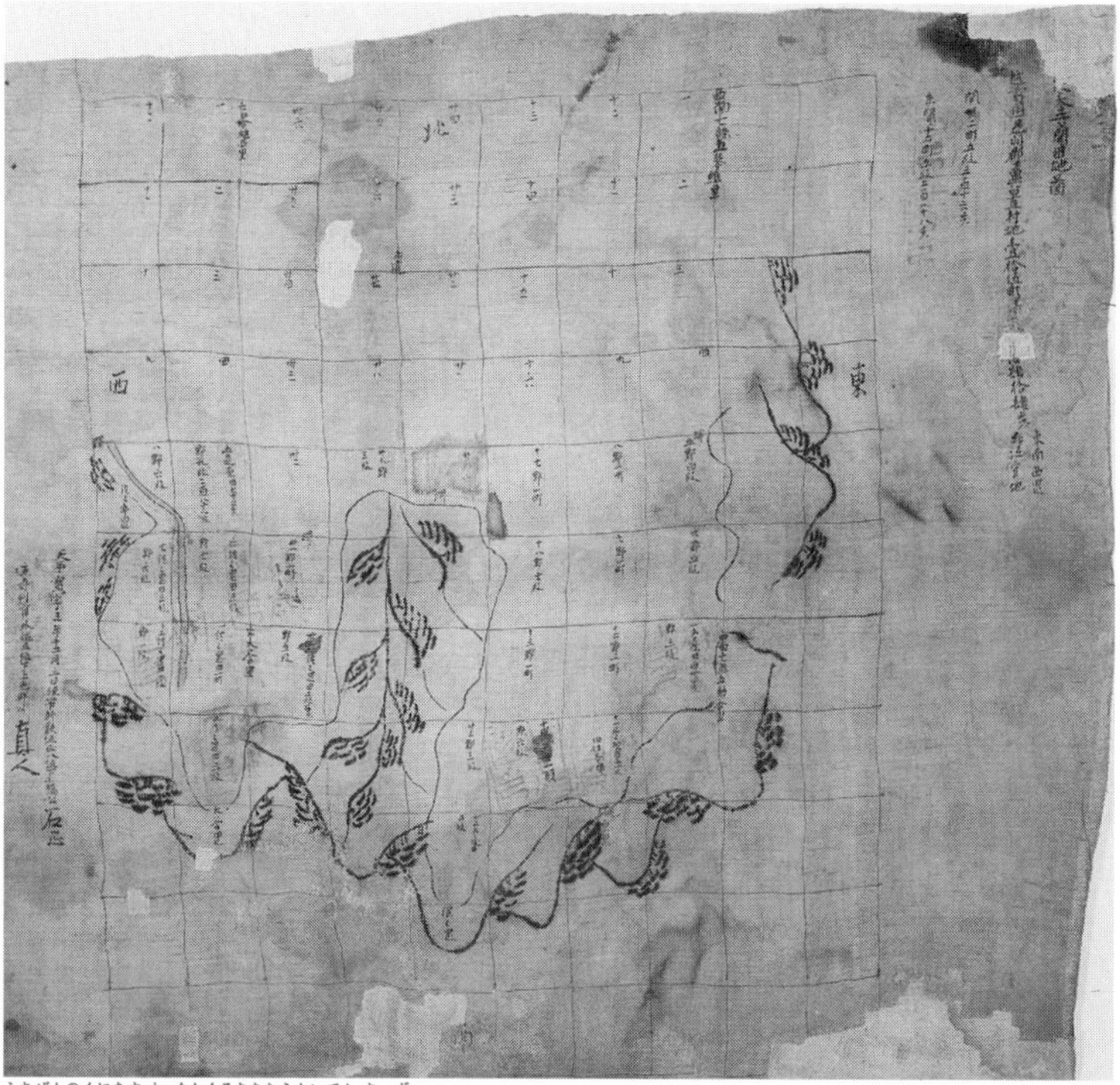

越前《えちぜん》国《のくに》足羽郡《あすわぐん》糞置村《くそおきむら》開田《かいでん》地図《ちず》[天平宝字 3 年　中倉14]

糞置荘《くそおきのしょう》の故地《こち》〈福井県帆谷《ほだに》町・二上《ふたがみ》町付近〈現、福井市〉。一九七五年撮影〉

●──正倉院の地図

方の財政収支報告書が正税帳である。収穫した稲穀から一定の比率で徴収される「税」について、収入や運用利益、支出、出納状況、現在量について詳しく記載した帳簿を、年度ごとに作成して中央に報告する。支出項目では、物品購入の代価や、公的業務にともなって支給される食料など、稲を基準に数量化した会計上のデータが列挙される。国の仕事として行うものは、直接・間接の差はあっても、なによらず経費を必要とする。経常・臨時を問わず、地方負担として諸国に割り振られた中央の経費も多いのである。このため、経費を通じて、さまざまな内容の仕事が、正税帳に顔をみせる。

神祇関係では、神社の経済基盤となる神戸《じんこ》・神封《じんぷう》▲の記載、仏教関連では、定例の金光明経《こんこうみょうきょう》・最勝王経《さいしょうおうきょう》を読誦《どくじゅ》する法要、大般若経《だいはんにゃきょう》書写、儒教《じゅきょう》関連では、地方の国学《こくがく》(中央の大学に相当する)で行われた釈奠《せきてん》(孔子《こうし》ほか儒教の聖人をまつる儀式)がみえる。

軍事関係では、兵器の営造や修理、防人《さきもり》の部領《ぶりょう》などにともなう支出があり、諸国物産の進上(大宰府から狩猟用の鷹と犬、豊後国で栽培した紫草《むらさきぐさ》などの例がある)は、交易によって調達された品が都に運ばれることもある。国司《こくし》の部内巡

▼**神戸・神封**　神戸は、古代に神社の祭祀を経済的に支えるため設定された民衆(戸単位の編成)。神戸の租調庸は、神社の用にあてられたため、神封の称も生まれた。

行など、国内の定例化した業務や、その国を通過・移動する諸使の食料も諸国の負担であり、ほかに単発の法令で臨時の支出が命じられることもある。七三七（天平九）年の和泉監《いずみのげん》（大阪府南部）は、難波宮《なにわきゅう》造営のために徴発された雇民の食料を負担していた。

正税帳の基礎となる財政制度には、七三四（天平六）年初頭に官稲《かんとう》混合と呼ばれる大きな変化があり、これを境にして現存正税帳の内容にもその影響が反映している。ちなみに、正税帳のなかには、現物としての稲穀がおさめられた倉についての記載もみられるが、当時はこのような倉も普通名詞としての「正《しょう》倉《そう》」であった。「正倉」群を中心とする「正倉院」もまた、中央・地方・官庁・寺社などに、広く存在したのである。

正税帳（関連帳簿も含む）が現存する国としては、五畿七道順に、左京職（天平十年）、大倭（天平二年）、和泉（天平九年）、摂津《せっつ》（天平八年）、伊賀《いが》（天平二年）、尾張《おわり》（天平二・六年）、遠江（浜名《はまな》郡輸租帳。天平十二年）、駿河（天平九・十年）、伊豆（天平十一年）、越前（天平二年。天平四年郡稲帳）、佐渡（天平四・七年以降の某年）、但馬《たじま》（天平九年）、隠岐《おき》（天平四年。また天平二年郡稲帳)、播磨(天平四年以前の郡稲帳)、備中(大税負《たいぜいふ》死亡人帳。天平十一年)、周防《すおう》(天平六・十年)、長門《ながと》(天平九年)、紀伊(天平二年)、淡路《あわじ》(天平十年)、伊予(正税出挙帳《すいこちょう》。天平八年)、筑後《ちくご》(天平十年)、豊後(天平九年)、薩摩《さつま》(天平八年)がある。

また、高齢者・孤児など社会的弱者を対象に食料支給を行う賑給《しんごう》(七三九〈天平十一〉年の出雲国大税賑給歴名帳)や、救荒用の食糧備蓄制度である義倉《ぎそう》(七三〇〈同二〉年の安房・越前国の義倉帳)など、暮しの安心を保障するための制度が実施されていたことを示す文書も残されている(正税帳などの地方税制・財政にかかわる文書が現存している国については、七四ページに掲げた図に国名を囲んで注記した)。

これらは、おおむね天平年間(七二九～七四九)という同じ時期に事例が集中しているうえ、範囲は全国に広がっている。また、同じ国で年度を異にする例も含まれる。当時の社会経済を基本的なところで支えていた仕組みを包括的・具体的に知るための材料としては、またとない価値をもつ。

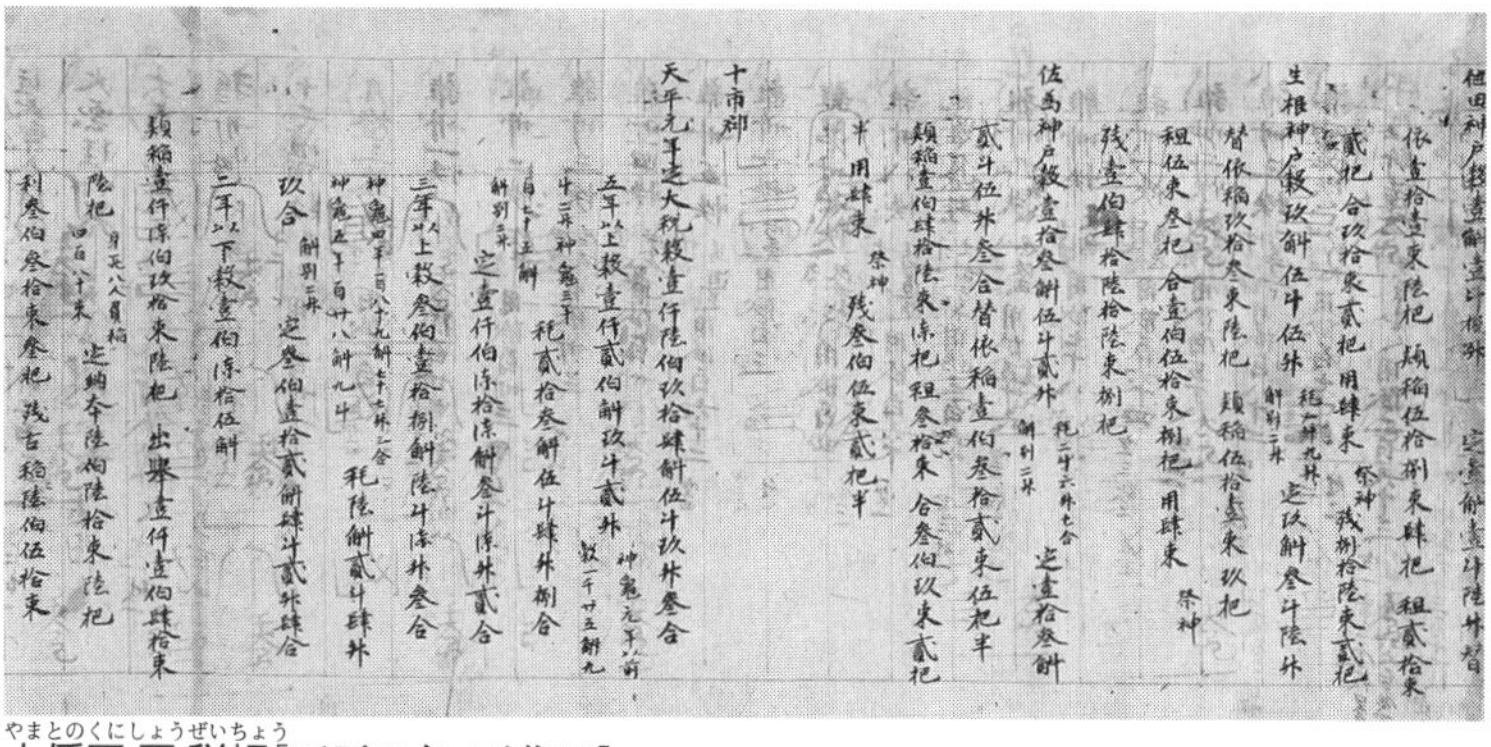

大倭国正税帳《やまとのくにしょうぜいちょう》[天平２年　正集10]

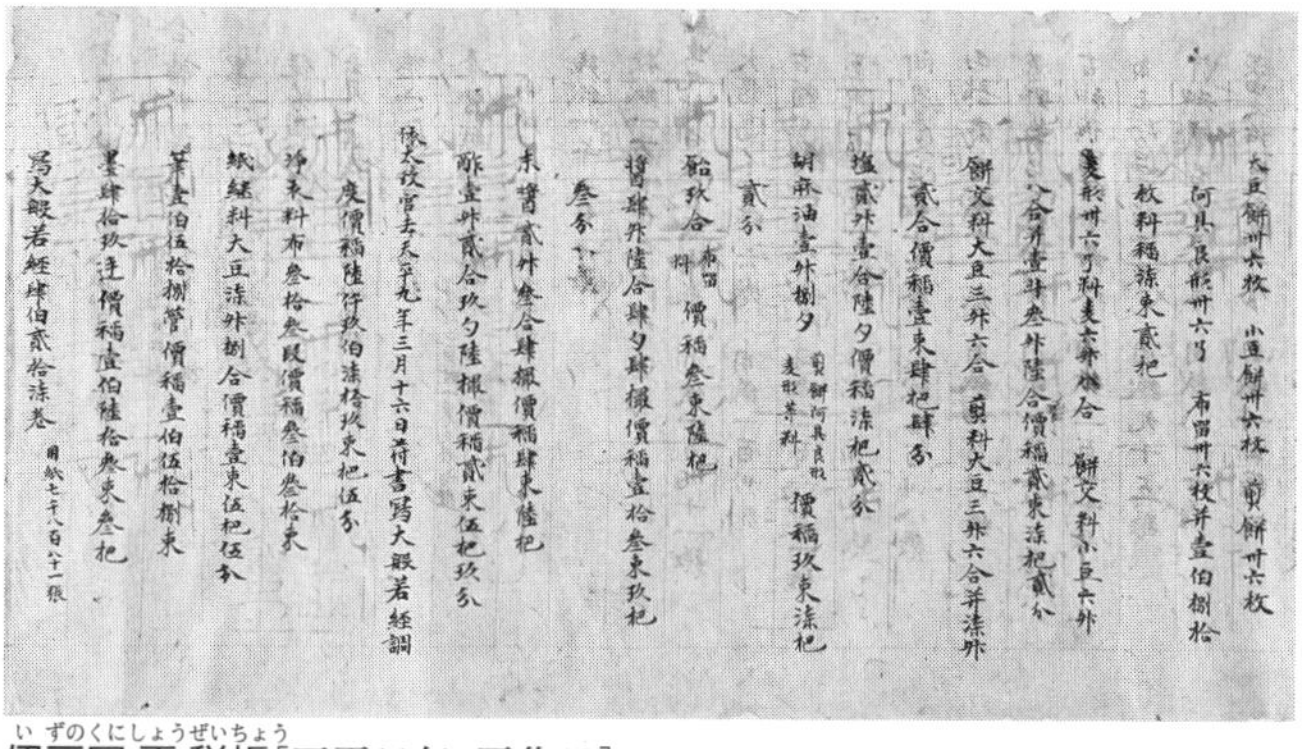

伊豆国正税帳《いずのくにしょうぜいちょう》[天平11年　正集19]

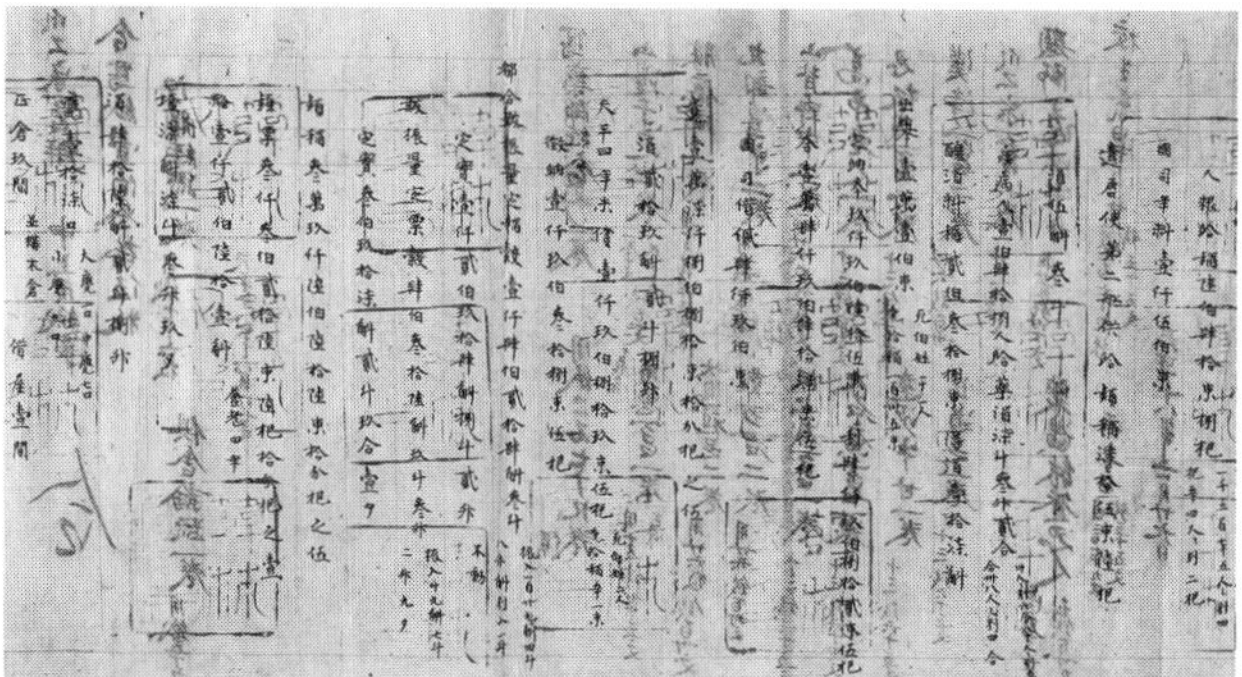

薩摩国正税帳《さつまのくにしょうぜいちょう》[天平８年　正集43]

●—正税帳

律令制と貴族——学令・選叙令・継嗣令・考課令・禄令

学《がく》令・選叙《せんじょ》令・継嗣《けいし》令・考課《こうか》令は、いずれも官人の採用・勤務評定・昇格・給与にかかわる規定である。役人の世界では、かなりの関心事であったはずだが、一般にはなじみにくい分野だろう。

「律令制」から連想される言葉として、「貴族《きぞく》」は、かなり高位にランキングされるような気がするが、どうだろうか。藤原《ふじわら》氏をはじめとする奈良時代の貴族（三位以上が貴《き》。これにつぐ四位・五位を通貴《つうき》と称する）たちは、それぞれ伝統ある中央氏族《しぞく》の門流として、それ以下の階層とは隔絶した身分・特権をもっていたといわれる。高い位をあたえられ、それに応じた国政上の重要ポストに就くことで、はじめて貴族たりえた、という律令制の官位相当の原理に差はないはずであるが、一方でその下に伏流する大和《やまと》朝廷以来の伝統を軽視するわけにはいかなかっただろう。律令の規定にあるような機械的なシステムで物事が決まり、位が少しずつ上がっていく現象は、中下級の官人《かんじん》に顕著である（もちろん政変などによる特別の人事もあるが）。上層階級向けには、高い位にある者の子孫が、成年に達した時点で父祖の位に応じた位を受ける、いわばスタート時点でゲタを履かせてもらえる特権(蔭位《おんい》の制)があった。

また、文書に官位姓名を書き入れる際の決まり事も、選叙令に規定される。複数のポストをかねるとき、一つを正《せい》、残りは兼《けん》とするという決まり、本人のもっている位と、就いたポストが官位相当の原則からはずれている場合、位の高い者がそれより軽い官職に就くときには行《ぎょう》、格上の官職に就くときには守《しゅ》(「本来私などが就くべきではない高いポストを、必死になってお守りしています」という感じが伝わる、味のある表記)とする決まりなど、それぞれ独立の一条としてならんで立てられている。官人たちの位署書《いしょがき》の実例をみると、よく守られているようであるのは、令文の重みというべきであろうか。

三〇年余の年月を費やして一九七七(昭和五十二)年に完結をみた『日本古代人名辞典』(竹内理三・山田英雄・平野邦雄編)は、その書名どおり、日本古代の人名を網羅した辞典であるが、このなかには、さして位が高いわけではないのに、事績・経歴が詳しく記述されている人が散見する。これらのほとんどは、正倉院文書に名を残した写経所関係者とみてまちがいない。彼らの官人としての履歴の追跡調査によって、当時の中下級官人の実態が知られるのである。

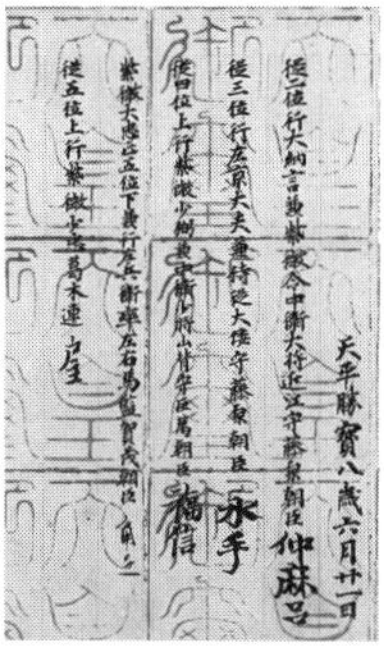
天平勝寶八歳六月廿一日
從二位行大納言兼紫微令中衛大將近江守藤原朝臣仲麻呂
從三位行左京大夫兼侍從大倭守藤原朝臣永手
從四位上行紫微少弼兼中衛少將山背守巨萬朝臣福信
紫微大忠正五位下兼行左兵衛率左右馬監賀茂朝臣角足
從五位上行紫微少忠葛木連戸主

●位署書《いしょがき》(国家珍宝帳 巻末)

●――丹［北倉148―1］（勘籍《かんじゃく》を再利用）

▼位封・職封　封は、律令給与制度の封戸（封戸から進上された租庸調を支給者にあたえる制度）のこと。位封は官位に応じて、職封は上級官職に応じて、段階的に設定される。

追跡調査といえば、官人の採用時に、過去三〇年にわたって遡及的《そきゅうてき》に身元の確認が行われたことも、勘籍《かんじゃく》という一連の史料からわかる。制度の存在自体は延喜式にもみえるが、正倉院に残るのは、その実例、確認のために作成した文書そのもので、現在知られる例は、おそらく写経生として採用予定の者に対する調査である。戸籍は六年に一度つくられるから、直近に作成された戸籍から、その前の戸籍、そのまた前の戸籍……、と五回分さかのぼって（本人が生まれていなければ、親の戸籍にさかのぼって）、誰の戸に所属しているかの確認を行う。その書面が伝わった（先述の丹の包みに用いられたのである）。

官人の給与に関する規定は、禄令《ろく》にある。正倉院文書のなかに、給禄《きゅうろく》関係の文書もみえる。高級貴族には、位・官職に応じて、食封《じきふ》（位封《いふう》・職封《しきふう》）▲と呼ばれる収入源（封戸《ふこ》）を地方にあたえられ、その戸からでた調庸の全部と、その戸の口分田《くぶんでん》からでた田租《でんそ》の半分が、その主である貴族のものとなった。相模国封戸租交易帳（七三五〈天平七〉年）は、その租の運用にかかわる帳簿で、相模国内に封戸が設定された皇族・貴族の名がみえる。

軍事——軍防令

軍団・兵士・衛士・防人ほか、兵事にかかわる諸規定を集めたのが軍防《ぐんぼう》令である。正税帳にみえた諸国からの武器進上(年料器杖—挂甲《けいこう》・大刀《たち》・横刀《おうとう》・弓・箭《や》・胡禄《ころく》・鞆《とも》)、修理器杖(短甲・箭・大角《だいかく》・小角《しょうかく》・弓・槍・振鼓《ふりつづみ》・鑼《ら》・楯《たて》)などの項目は、軍防令と営繕令にかかわる。

兵士の備えるべき装備品の規定のなかには、征箭《そや》五〇隻・胡禄一具とあるが、この数字は、正倉院に現存する箭と胡禄のあり方とよく一致する。また、現存の箭のなかには、下野・相模・讃岐といった国名や人名とみられる「茨木」「日《くさ》下部佐万呂《かべのさまろ》」を簳《やがら》(矢柄《やがら》。軸部)にきざむものが含まれ、諸国からの武器貢進を裏づける。とくに下野の例は、「下毛野奈須評《しもつけのなすのこおり》」という古いタイプの表記から、大宝令以前の時期の進上とみられる珍しい事例といえよう。

また、正倉院には、紺布幕《こんふまく》と称する藍《あい》染め、麻布製袷《あわせ》仕立ての幕が多くあるが、この紺布幕というのも、軍防令に火《か》(兵士一〇人からなる単位集団)ごとに一つ備えることになっていた品(裏を着ける、との注記により袷仕立てと解される)の一種である。また、「納紺幕一条」と書いた布袋には、上野国の調庸布を

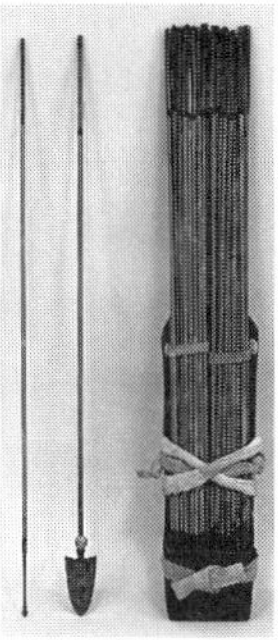

●胡禄《ころく》と箭《や》[中倉4—19]

使ってつくられており、幕自体が上野から進上された可能性もある。

もちろん、正倉院の紺布幕は、まず東大寺の関連品という線で考えていくのが本筋で（仏前で唱誦《しょうじゅ》する文句の断片や写経所に関連する内容、人物の戯画《ぎが》など雑多な楽書《らくがき》がみられる）、いきなり兵士の装備に直結するものではないだろうが、前述の胡禄や弓のように「東大寺」の銘が記された武具の例が多いことも忘れてはならない。そもそも、国家珍宝帳に記載された東大寺への献納品のなかに、区切りのよい一〇〇を単位とする大刀・弓・箭・甲《よろい》が含まれているのである。当初は儀仗《ぎじょう》用を想定しての献納であったにせよ、藤原仲麻呂《なかまろ》の乱《らん》が勃発した際には、この武器を押さえることが火急のことと認識されていたし、またいったん出蔵された武器は、乱後に返納あるいは補塡されたのである。このような寺院の武器備蓄の状況が当時一般的であったかどうかは別として、のちの時代に僧兵《そうへい》などが出現する前提の一つは、この辺りに存在するのかもしれない。

奈良時代の服制――衣服令

衣服令には、皇太子・親王《しんのう》・諸王・諸臣以下（女性は内《ない》親王・女王《じょおう》・内命婦《ないみょうぶ》）

●──御冠《おんかんむり》残欠［北倉157］

と武官について、服制を定めている。着用するシチュエーションによって、朝廷の重要な儀式の際の礼服《らいふく》、朝廷の公事《こうじ》に着る朝服《ちょうふく》(無位《むい》は制服と称する)の別がある。

日本の衣服令では、唐《とう》制と異なり、天皇の服制についての規定はない。しかし、大仏開眼会《だいぶつかいげんえ》の際に、聖武《しょうむ》天皇・光明《こうみょう》皇后が着用した礼服・礼冠《らいかん》について、正倉院に伝わる現物(礼服御冠《おんかんむり》残欠、衲御礼履《のうのごらいり》)と記録(曝涼《ばくりょう》点検文書)の双方を組み合わせることによって、この空白の一部は埋められている。

衣服令の第一条は、皇太子礼服の規定で、「礼服の冠、黄丹《おうに》の衣、牙の笏《しゃく》……」とみえる。

私は、以前から、正倉院に伝わる袈裟付木蘭染羅衣《けさつきもくらんぞめらのころも》が、実は皇太子礼服ではないかと考えている。正倉院の上衣《じょうい》は、盤領《あげくび》・筒袖《つつそで》の袍の形式をとるものが多数を占めるが、この衣は、垂領《たれくび》と広幅の袖をもつ形式で、従来から礼服の系統に属するものといわれていた(ちなみに「袈裟付」以下の名称は、右肩のうしろに共裂《ともぎれ》がぬいつけられていることから、明治時代につけられたもの)。この形制に加えて、裏に白絁の小片がぬいつけられ、「東大宮」の墨書があること、そしてこの衣の

●—袈裟付木蘭染羅衣《けさつきもくらんぞめらのころも》[南倉96]

色、この二点から、さきの推定が可能と思う。「東大宮」は着用者である東宮との関連をうかがわせる。また、黄丹は、梔子《くちなし》と紅花《べにばな》を用いた染め色とされるので、現状の色味はそれに近い。

これを除く、正倉院の衣服類は、用途としては楽舞の装束とそれ以外のものに分けられるが、両者に大きな形制の隔たりはなく、後者の実用本位のものは、衣服令でいえば朝服・制服の範疇《はんちゅう》にはいるだろう。この辺りを考える際、衣服や冠・笏・帯・履など、名称だけが知られる法文の規定は、実物が残り、文書との対照が可能な正倉院宝物の存在によって、より深い理解が可能となる。

文書行政——公式令

律令制の根本のところには、文書主義—一定のルールに従って文字に書き記す—という方針がある。数々の命令・報告は文書化して行われることが求められた。正確に執行し、一連のプロセスをあとから検証が可能な形で残すための方策だが、この狙いが十分果たされるためには、情報を伝達する際に、双方で同じプロトコルを共有することが必要となる。相手方が、空間・時間あるいは

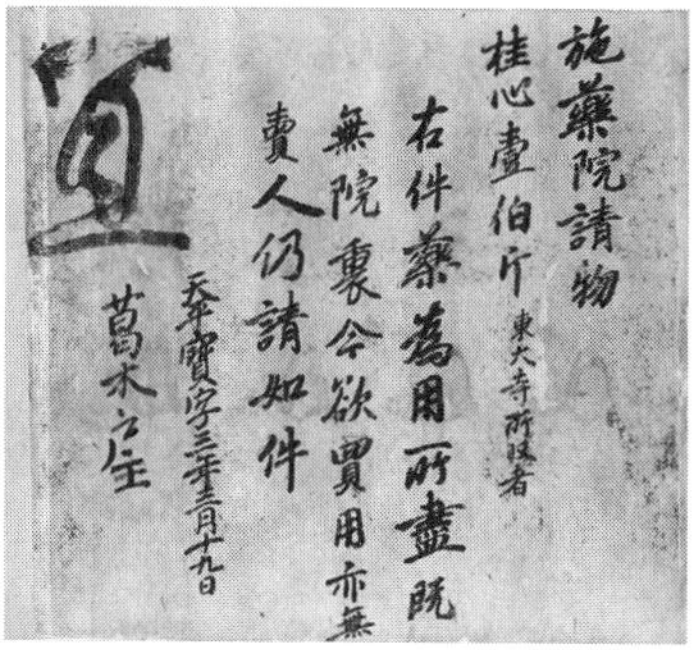

●──桂心請文《けいしんせいもん》［北倉168］

心理的に距離がある場合でも正確に送信・受信ができるためには、内容だけでなく、その書式や手続きも重要だからである。これを定めた手引書が、令の一篇目である公式令で、その最初の部分(1〜22条)に、文書書式、作成・施行手続き、適用・準用範囲、書式細則からなる詳細な規定がある。条文番号を用いて示そう。

1詔書式《しょうしょしき》、2勅旨式《ちょくし》、3論奏式《ろんそう》、4奏事式《そうじ》、5便奏式《びんそう》、6皇太子令旨式《りょうじ》、7啓式《けい》、8奏弾式《そうだん》、9飛駅式下式《ひやくしきげしき》、10飛駅式上式《じょう》、11解式《げ》、12移式《い》、13符式《ふ》、14牒式《ちょう》、15辞式《じ》、16勅授位記式《ちょくじゅいき》、17奏授位記式《そうじゅ》、18判授位記式《はんじゅ》、19太政官《だいじょうかん》会諸国及諸司式、20諸国応官会式、21諸司応官会式(19〜21をまとめて計会式《けいかいしき》)、22過所式《かしょ》。

正倉院文書として伝わった多くの文書そのものと、公式令の規定をどのように関係づけるか。学説の流れを振り返ると、まず、宣命《せんみょう》(音声として発せられたものの筆録か)や詔書案、その他「勅《ちょく》」「宜《ぎ》」などの文言で天皇の意思が示された文書、解・移・符・牒の豊富な事例など、古文書学《こもんじょがく》のなかで、両者の重なり合う部分への着目に始まり、近年では、木簡《もっかん》の出現という事態も影響して、公式令がカバーしていないところに力点が移ったかにみえる。口頭伝達や帳簿を重視することも、この流れであろうが、当事者間の了解を前提にして行われる仕事の場で作成された（そしてさまざまな工夫が盛り込まれた）帳簿・記録類までは、公式令が責任をおうべきものではなかった。こういった、特定の官司におかれることで機能を果たす性格のものは、現在の史料学・古文書学の定義でいう文書・記録・帳簿をひっくるめて「公文《くもん》」と呼ばれた。

官司の作成する公文は、みな真書《しんしょ》（楷書《かいしょ》）で書く決まりであり、数が問題になる重要な公文については、数字の改竄《かいざん》を防ぐため、通常の「一二三四五六七八九十百千」にかえて筆画の多い「壹貳参肆伍陸漆捌玖拾佰阡」（大字《だいじ》）を用いることになっていた。つい最近まで、手書きの領収書などに「壹貳参」の表記は生き残っていたが、奈良時代にこの規定が忠実に守られたことは、正倉院文書の籍帳・正税帳以下にみるとおりである。

また、公文の内容を証する印についての制度を定めたのも公式令である。印の実例は、天皇御璽《ぎょじ》、太政官印、諸国印また私印と、奈良時代を中心とする事例が正倉院に集まっている。ただし、大宝令に始まり現在まで続く、公文に年

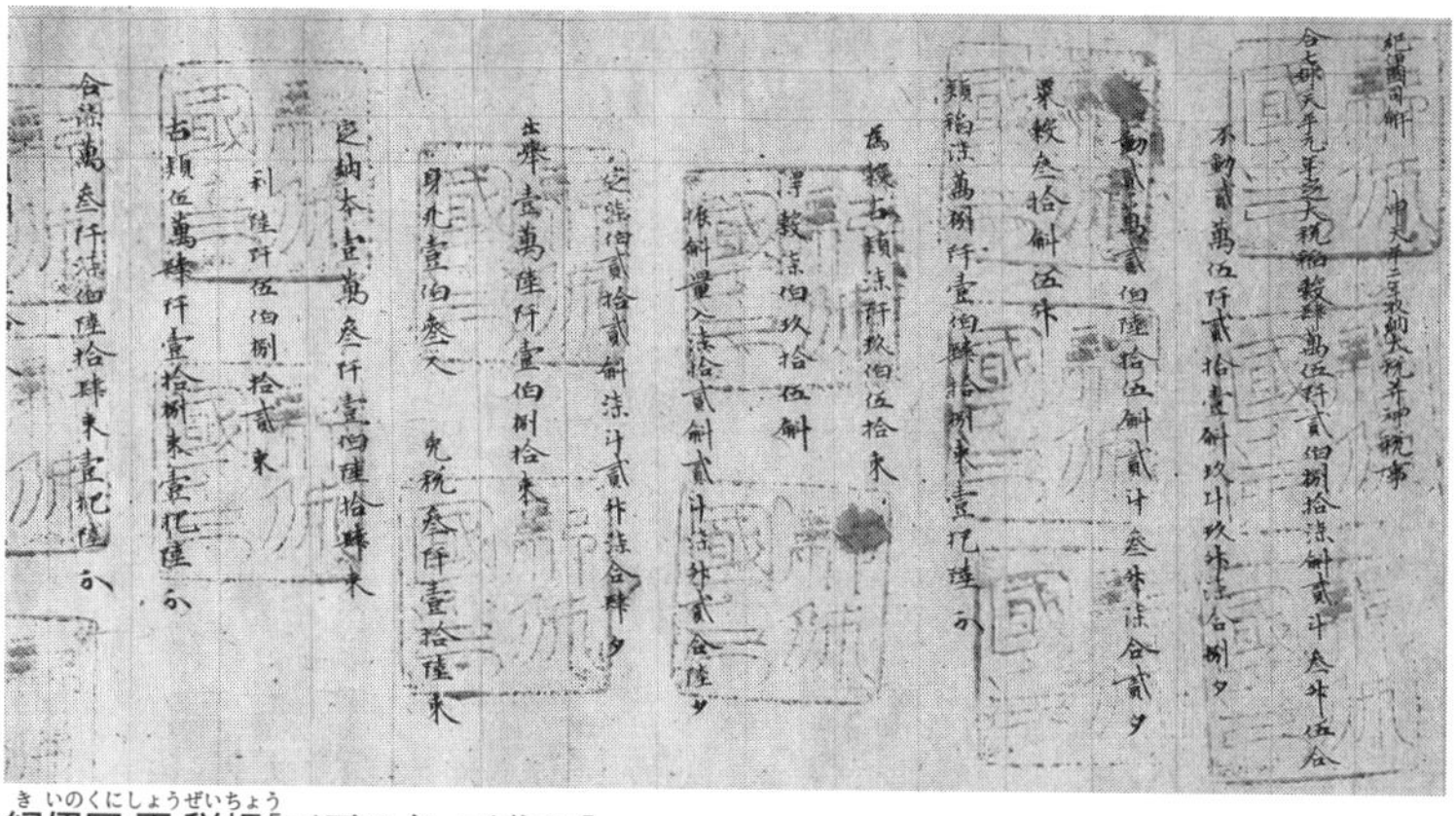

紀伊国《きいのくに》正税帳《しょうぜいちょう》[天平２年　正集37]

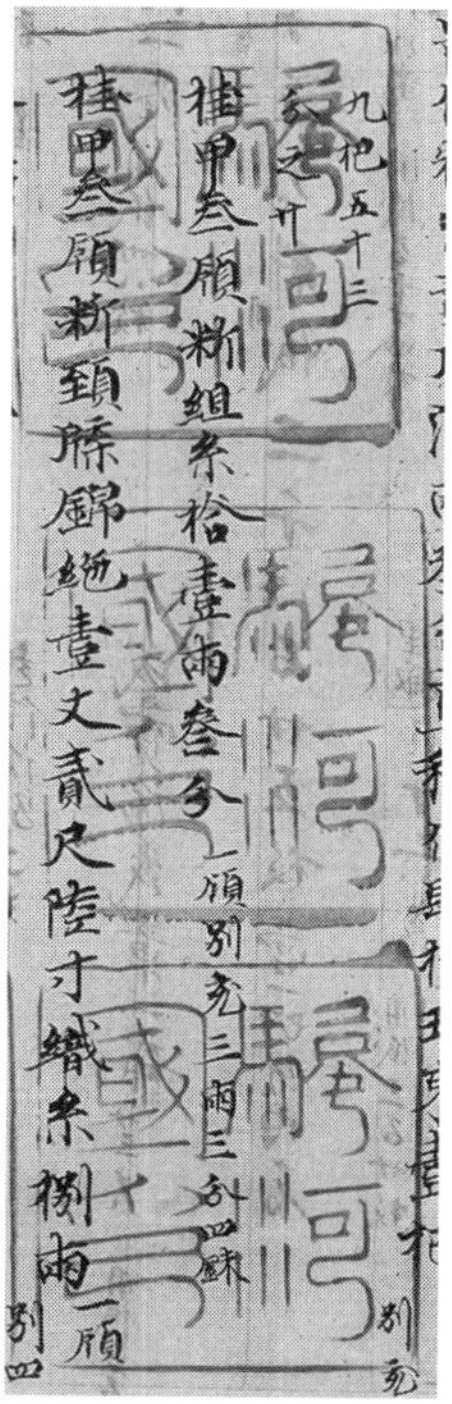

駿河国《するがのくに》印[天平９年　正集17]

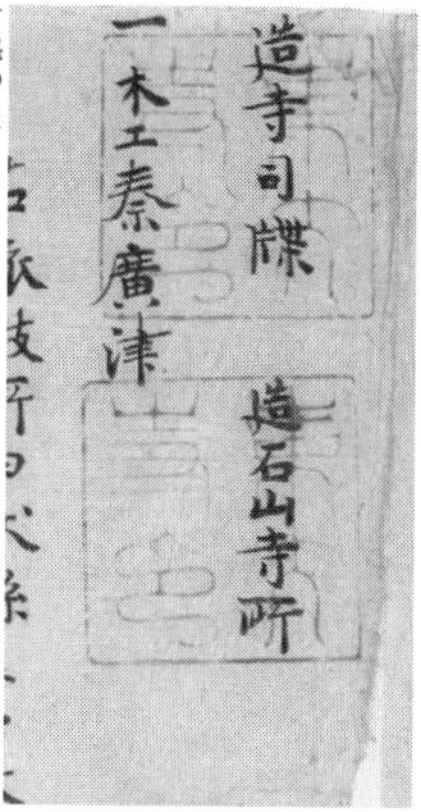

東大寺《とうだいじ》印[天平宝字６年　正集５]

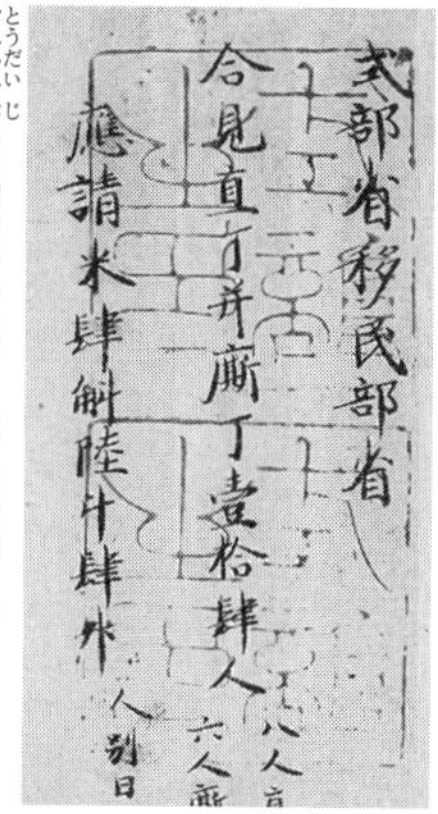

式部省《しきぶしょう》印[天平17年　正集２]

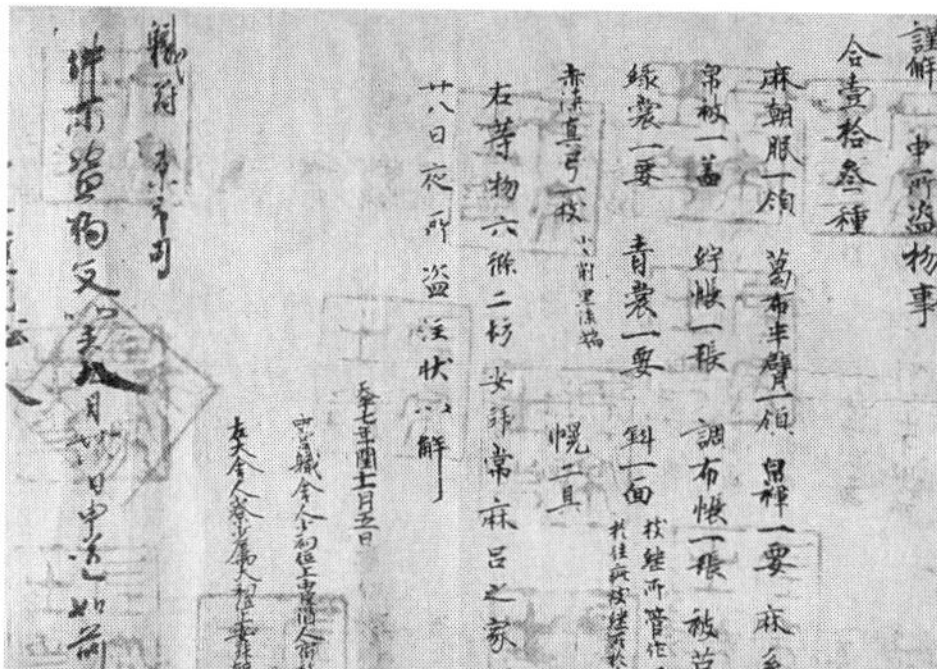

左京職《さきょうしき》印[天平７年　正集４]

●――印と大字

号の使用を義務づける規定は、公式令ではなく儀制《ぎせい》令の末尾におかれている。

文字に移せない情報 ── 雑令ほか

令は全部で三〇篇に分けて編成されたが、その最後に、ほかのどの篇目にもはいらなかった「その他」項目として、雑令がおかれている。

たとえば、陰陽寮《おんみょうりょう》▲は、職掌に関する規定は職員令にならべられているが、その具体的な仕事については、うまくおさまる場所がなかったようで、陰陽寮が毎年、翌年の暦をつくり、これが天皇への奏聞《そうもん》をへて、中央・地方に頒下《はんか》されたことなどは、結局雑令のなかにおかれている。正倉院文書のなかには、七四六(天平十八)年、七四九(同二十一)年、七五六(天平勝宝八)年の具注暦《ぐちゅうれき》▲が残っているが、これは、頒下された基準暦から写し取ったものであろう。この陰陽師といえば、七六〇(天平宝字四)年の造金堂所解《ぞうこんどうしょげ》(法華寺金堂の造営記録)には、造営工事に際して地鎮祭《じちんさい》のような儀式があり、浄衣《じょうえ》を着した陰陽師が執り行ったらしい。

また、「官人考試帳《こうしちょう》」と仮称する断簡は、慶雲《けいうん》〜和銅ごろの選文(毎年の勤務評

▼**陰陽寮**　律令制官司の一つ。中務省に属し、占筮《せんぜい》(うらない)を担当する陰陽師・陰陽博士、天文をつかさどる天文博士、暦をつくる暦博士、水時計を管理する漏刻博士などを擁した。

▼**具注暦**　暦の一種で、日付・干支のほかに季節や日の吉凶など詳細な暦注を備えたもの。日記・行事予定が書き込まれる例もある。

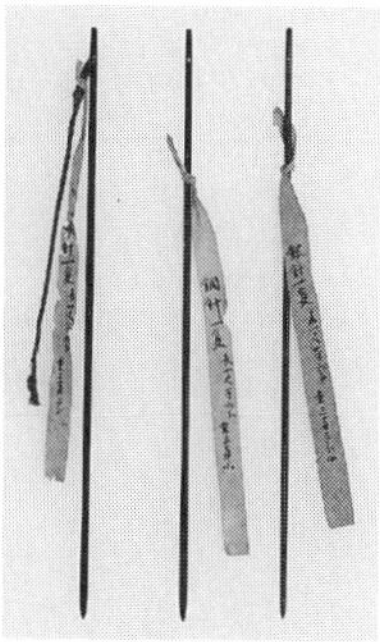

●――針［南倉84］

●――黄色縷《きいろのる》［南倉82―5］

定の結果をまとめ、位の昇叙《しょうじょ》の案としたもの）の実例である。選文自体は、先述の選叙令が扱う範疇だが、この例では、ちょうど陰陽寮の部分が残っており、陰陽師・陰陽博士《はかせ》・天文《てんもん》博士・漏刻《ろうこく》博士の記載をみることができる。

①章で、奈良時代に行われた年中行事の関連品を紹介したが、これも、令の規定としては、正月一日・七日・十六日、三月三日、五月五日、七月七日、十一月大嘗日《おおむべのひ》を節日《せつじつ》と定めた雑令に結びつく。正月七日は白馬節会《あおうまのせちえ》の式日だが、この日はまた人日《じんじつ》と呼ばれ、人勝《じんしょう》が贈答品として使われた。五月五日の端午節《たんごのせち》会《え》には百索縷軸《ひゃくさくるのじく》が結びつき、七月七日は相撲節会《すまいのせちえ》であるが、この夜に行われた乞巧奠《きっこうでん》（七夕《たなばた》）の儀式関連品と想定される品も残る。一方で、中国の古制の流れをくむとされる儀式であっても、手辛鋤《てからすき》・目利箒《めときのほうき》を使った正月初子日《はつねのひ》の儀式、二月二日の鏤牙尺《るげしゃく》進上の儀式のように、令に明文がみられないものもある。後代への伝わり方にも少し差があるのだろうか。

文字に移しきれない属性について、正倉院が伝えてきたものは、独自の価値をもっている。雑令の初めには、分《ぶ》―寸《すん》―尺《しゃく》―丈《じょう》、合《ごう》―升《しょう》―斗《と》―斛《こく》、銖《しゅ》―両《りょう》―斤《きん》の度量衡《どりょうこう》、大斤小斤の制が定められている。古代の度量衡については、正

●──桂心《けいしん》[北倉88]

▼**施薬院**　寺院に付設した療養施設。天平時代には、光明皇后の篤い仏教信仰を背景に、皇后宮職が運営に関与していた。

倉院宝物の尺(ものさし)の長さや、重量を銘文に記した銀器の重さから、当時の実際の値(実例は、多少の揺れをともなうが、天平尺＝唐大尺：約二九・六センチ、大一斤：約六七〇グラム、小斤はその三分の一)を知ることができる。また、厳密な値でなくとも、古代に税として地方から運ばれた麻布や絁のボリュームを実感したいと思ったとき、正倉院の調庸布・調絁の実物は、その唯一の手掛りとなる。

正倉院には、光明皇后が献納《けんのう》した薬が残っている。当初六〇種であったものが、献納の趣旨に基づいて施薬院《せやくいん》▲を通じて病者の救済に使用され、あるいは天皇・貴族・僧に分与され、現存するのは三八種といわれている。医疾《いしつ》令は、医療関係の制度の規定が主であり、薬そのものに迫る手掛りに乏しい。この薬については、専門家の手によって、薬効成分の分析、起源植物の追求が行われているが、これも実物あってのことである。

このほか、倉庫《そうこ》令の規定にあった、「およそ倉は、皆高く乾いたところに設置せよ。側に池・溝を開け」の規定は、現在の正倉院宝庫にそのままあてはまる。床下に立つと、若草山《わかくさやま》から西へ延びる尾根沿いに吹き下る風が、束柱《つかばしら》のあ

●—種々薬帳と薬物・容器

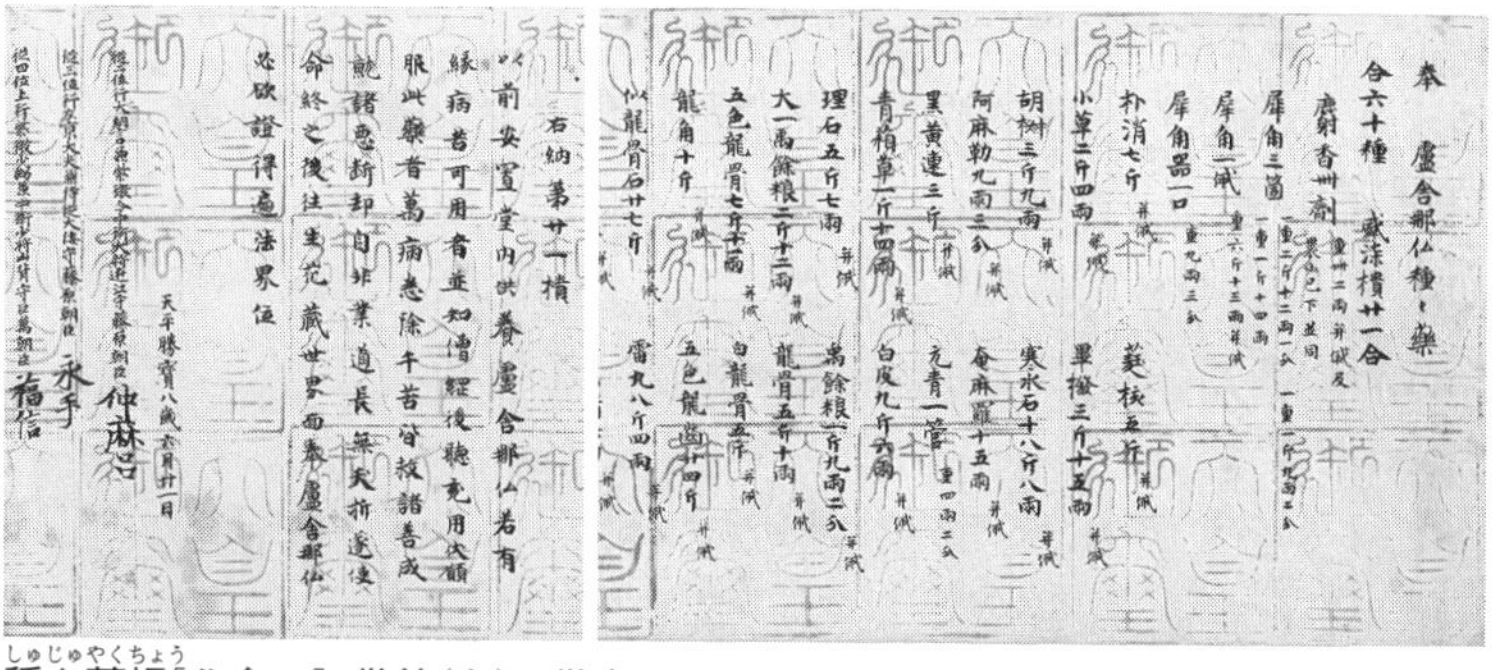
奉 盧舎那仏種々薬
合六十種 盛漆櫃廿一合
麝香卅劑
犀角三箇
犀角一口
犀角器一口
朴消七斤
小草二斤四両 畢撥三斤十五両
胡椒三斤九両 寒水石十八斤八両
阿麻勒九両二分 菴麻羅十五両
黒黄連二斤 元青一箇
青葙草一斤十四両 白皮九斤六両
理石五斤七両 禹餘粮一斤九両二分
大一禹餘粮二斤十二両 龍骨五斤十両
五色龍骨七斤十一両 白龍骨五斤
龍角十斤 五色龍歯四斤
似龍骨石廿七斤 雷丸八斤四両

右納第廿一櫃
以前安置堂内供養盧舎那仏若有
縁病苦可用者並知僧綱後聴充用伏願
服此薬者萬病悉除千苦皆救諸善成
就諸悪断却自非業道長無夭折遂使
命終之後往生花蔵世界面奉盧舎那仏
必欲證得遍法界位
天平勝寶八歳六月廿一日
仲麻呂
永手
福信

種々薬帳《しゅじゅやくちょう》［北倉158］ 巻首(右)・巻末

五色龍歯《ごしきりゅうし》［北倉70］

遠志《おんじ》［北倉86］

大黄《だいおう》［北倉95］

犀角器《さいかくき》［北倉50］

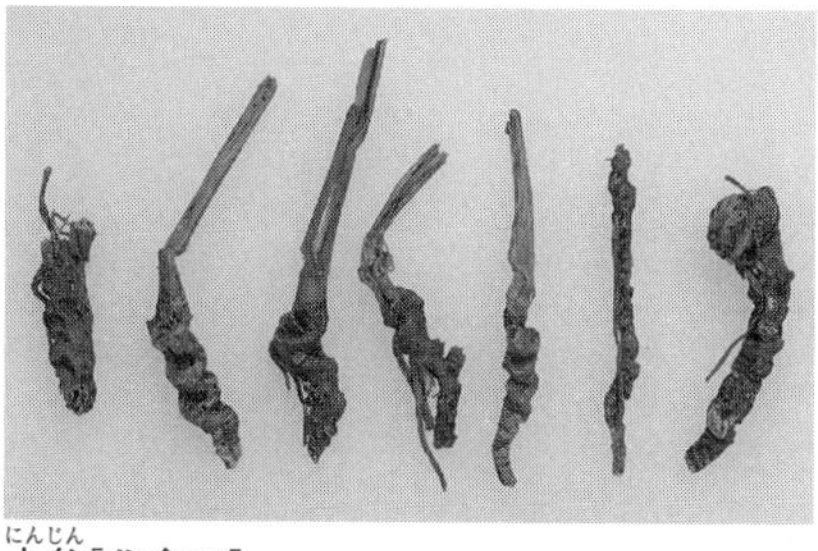
人参《にんじん》［北倉122］

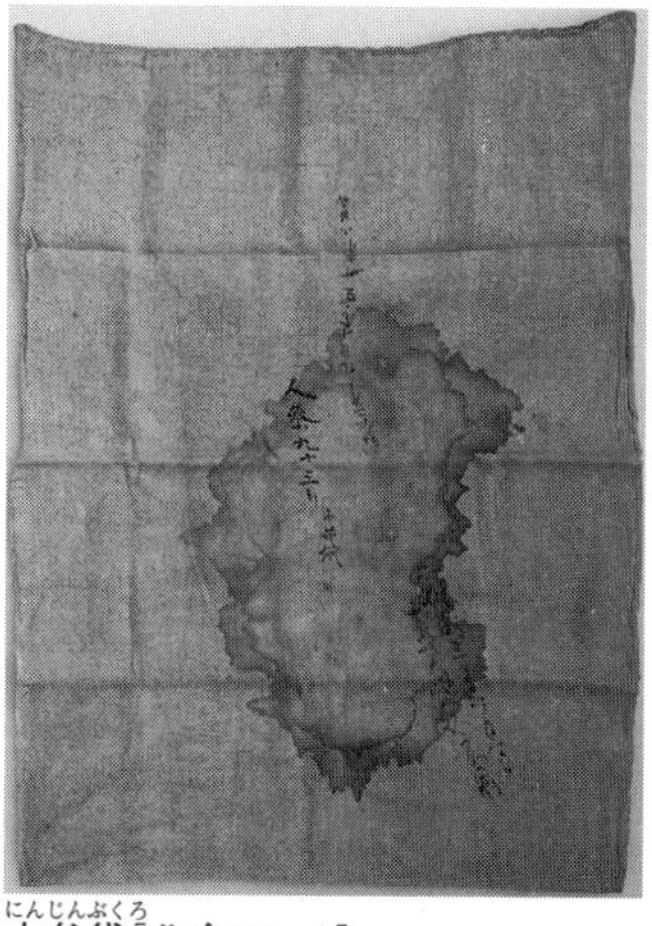
人参袋《にんじんぶくろ》［北倉94—2］

●――最勝王経帙《さいしょうおうきょうちつ》［中倉57］

いだを抜けていく。

遣唐使――東アジア諸国との通交

唐・新羅・渤海《ぼっかい》と日本とのあいだの、使節・文物の往来は、日本古代史を考えるうえで重要な観点である。正倉院文書のなかには、発遣が中止された七四六（天平十八）年の遣唐使《けんとうし》任命に関する記述や、正税帳の記載にあらわれる遣新羅使・遣唐使船への飲食供給の項目、さらに新羅との交易の具体的な様相を示す一連の文書群などがみられるが、さらに、総体としての正倉院宝物の側からみるとき、宝物の生産地論を媒介に、中国大陸・朝鮮半島からの人・製品・思想・文化・技術の流入というテーマが浮かび上がってくる（「唐の文物と正倉院」「天平の外交と文化」）。

現時点では、七五三（天平勝宝五）年の遣唐使帰朝（このとき鑑真《がんじん》和上《わじょう》が来朝した）によるあらたな文化要素の流入が指摘されているが、今後、正倉院宝物中にみられる諸要素について、詳細な年代観が決まっていくにつれて、その変化の画期がしだいに明らかになっていくだろう。

国家仏教の展開

正倉院文書は、その全容を読み解くことによって、初め光明皇后の家政機関のなかでスタートした写経が、しだいに公的な機関における写経所の事業となり、最終的に日本国総国分寺《そうこくぶんじ》たる東大寺を中心とする学問（南都六宗）を支える巨大プロジェクトとして重んじられるにいたる過程を明らかにする。正倉院文書のなかにはまた、東大寺の草創期をものがたる史料も点在し、全国の国分寺▲に配備された金光明最勝王経《こんこうみょうさいしょうおうきょう》については、国分寺造立の勅の文字を織りだした経帙《きょうちつ》（経巻《きょうかん》を巻き包む収納具）が宝物中に残る。

写経事業の推進において重要であったのは、国外からもたらされた経典であった。玄昉《げんぼう》▲の将来した一切経《いっさいきょう》は、光明皇后御願《ごがん》の一切経（聖語蔵《しょうごぞう》経巻のなかに七五〇巻を伝える）書写事業のよりどころとなった。東大寺大仏開眼会関係では、正倉院文書のなかの蠟燭《ろうそく》文書と呼ばれる十数巻の巻子（湿気で固まって、今は開くことができない）の内容が、開眼会に参列した僧たちの名簿であることがわかった。ここには、開眼導師《どうし》をつとめた菩提僧正《ぼだいそうじょう》（菩提僊那《せんな》。インド出身）の名が記されていたのである。

▼**国分寺**　聖武天皇の発願により各国に建立された僧尼《そうに》二寺。東大寺（金光明四天王護国之寺《してんのうごこくのてら》）・法華寺（法華滅罪之寺《めつざいのてら》）は、鎮護《ちんご》国家の拠点となる総国分寺・総国分尼寺と位置づけられた。

▼**玄昉**　?～七四六年。奈良時代の僧。七一七（養老元）年出発の遣唐使とともに入唐《にっとう》、七三五（天平七）年には多数の仏教経典を携えて帰国、以後仏教界・政界に重きをなした。藤原広嗣の乱にみるように、反感を買うことも多く、のちに失脚。

鑑真和上坐像

蠟燭文書《ろうそくもんじょ》 復元部分[塵芥雑張 1]

蠟燭文書《ろうそくもんじょ》[塵芥文書附属] 姿

また、苦難の末来日した鑑真▲は、正統の律を伝えるとともに、豊富な薬学の知識でも貢献するところが大であったという。鑑真については、自筆の書状と、唐から持参したとみられる四分律《しぶんりつ》が伝わり、来日してまず止住《しじゅう》した東大寺唐禅《とうぜん》院《いん》の故地《こち》は、現在の正倉院事務所の構内である。鑑真・菩提僊那のほか良弁《ろうべん》（東大寺初代別当《べっとう》）・道鏡・実忠《じっちゅう》ら歴史に名を残す名僧の筆蹟も、正倉院文書のなかに伝わる。

当時の航海技術と地理的な制約の二つの要素を考慮すると、海を越えての人の行き来は容易ではなかったとみられ、文物の流入にとっての阻害要因となったことはまちがいない。しかし、このパイプの細さを逆手にとって、先進の文物のなかから汎用性《はんようせい》のあるものをみきわめ、それを摂取して、国内に根付かせようとした努力は非常に大きなものであった。

天平文化

高校の教科書などでは、天平文化の項目で、建築としては正倉院宝庫、絵画・工芸としては鳥毛立女屛風《とりげりつじょのびょうぶ》・螺鈿紫檀五絃琵琶《らでんしたんごげんのびわ》・銀薫炉《くんろ》・平螺鈿背八《へいらでんはいのはっ》

▼**鑑真**　六六八？〜七六三年。中国唐代、揚州《ようしゅう》出身の高僧。日本からの要請に応じ、本格的な戒《かい》律《りつ》を伝えるため、苦難の末に来朝（七五三〈天平勝宝《しょうほう》五〉年）、東大寺に戒壇《かいだん》を設立、のちに唐招提《とうしょうだい》寺《じ》を開く。

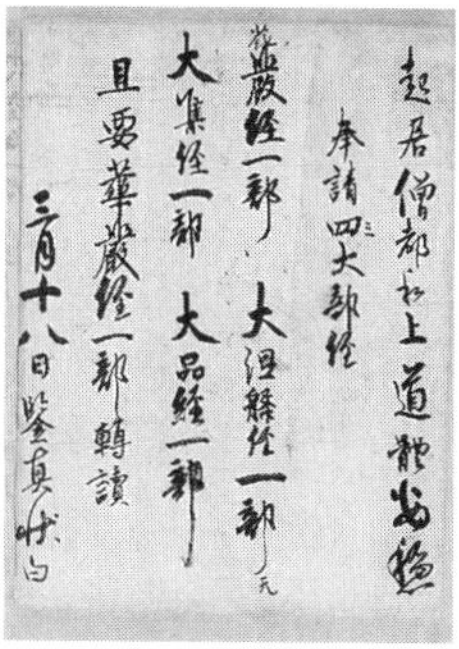

●**鑑真書状**［天平勝宝6年　塵芥35］

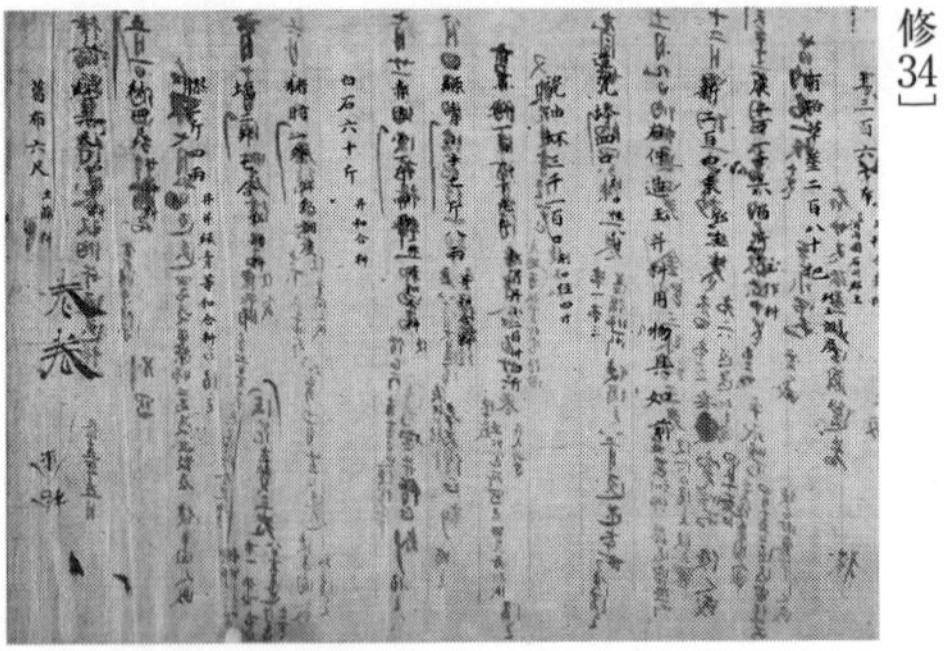

●造仏所作物帳《ぞうぶつしょさくもつちょう》［天平6年　続修34］

▼**脱活乾漆**　仏像などに用いられた工芸技法。粘土でつくった型の上に漆・麻布を貼り重ねて成形し、あとで中の型土を取り出して仕上げる。

角鏡《かくきょう》・漆胡瓶《しっこへい》といった宝物中の名品が紹介される例が多いようである。彫刻のジャンルでは、正倉院の宝物は含まれず、東大寺法華堂《ほっけどう》の日光《にっこう》・月光菩薩像《がっこうぼさつぞう》や戒壇院四天王《かいだんいんしてんのう》像などの塑《そ》像のほか、興福寺《こうふくじ》の阿修羅《あしゅら》をはじめとする八部衆《はちぶしゅう》、あるいは十大弟子《じゅうだいでし》像が代表例の一つとしてあがっている。

この脱活乾漆《だっかつかんしつ》▲の技法でつくられた像については、正倉院文書のなかの造仏所《ぞうぶつしょ》作物帳《さくもつちょう》に、関連する記載がみられる。これは、興福寺西金堂《さいこんどう》の造営関係文書で、多数の断簡に分かれて伝わるが、そのなかに末尾の「造仏所作物帳中巻　案」という尾題《びだい》と、天平六(七三四)年五月一日の日付とが含まれており、有名な阿修羅像をはじめとする八部衆・十大弟子など、天平彫刻の代表作と目される諸像や堂内の荘厳具《しょうごんぐ》の製作の記録であることが知られる。

光明皇后は、七三三(天平五)年に母　橘　三千代《たちばなのみちよ》▲がなくなると、その冥福を祈って興福寺に西金堂建立を発願《ほつがん》した。翌年正月の一周忌にあわせて行われた落成の供養には僧四〇〇人が参列したという。造営を行った造仏所は、光明皇后のためにおかれた皇后宮職に属し、この経路を通じて同じ管下の写経所で文書の二次利用がなされた。諸像は、この西金堂で、本尊釈迦《しゃか》像を囲んでその説法に耳を傾ける群像の一部としてつくられ、造像を指揮した仏師《ぶっし》として「将軍《しょうぐん》万福《まんぷく》」、彩色の責任者として「秦牛養《はたのうしかい》」の名がこの作物帳にみえる。

以上にみてきたように、日本古代史にとって、正倉院宝物の最大の寄与は、豊富な「もの」が実在し、文字と併存することによって、この時代（制度・技術・文化など）に具体的な裏付けをあたえる、という点だろう。記録された歴史の証拠物件となる、といったのでは話が逆転している。この「もの」の実在が、さきにそこにあった、歴史の立脚点であり、それゆえに、「もの」に蓄積された膨大な記憶は、あらたな歴史を生み出す力を内包しているのである。

▼**橘三千代**　?〜七三三年。光明皇后の生母、県犬養《あがたいぬかい》三千代。初め三野王《みのおう》に嫁して葛城王《かつらぎおう》（橘諸兄《もろえ》）を生み、のち藤原不比等と再婚。橘は、長年の奉仕の賞としてあたえられた姓。

●——写真所蔵・提供者一覧(敬称略, 五十音順)

国土交通省　　p. 77下
唐招提寺・奈良国立博物館　　p. 98上
奈良文化財研究所　　p. 24

宮内庁正倉院事務所　　上記記載のないカバー・扉・本文写真

青木和夫『日本の歴史3　奈良の都』中央公論社, 1965年
池田温『古代を考える　唐と日本』吉川弘文館, 1992年
弥永貞三編『書の日本史1　飛鳥/奈良』平凡社, 1975年
尾形勇『ビジュアル版世界の歴史8　東アジアの世界帝国』講談社, 1985年
門脇禎二編『日本生活文化史2　庶民生活と貴族生活』河出書房新社, 1974年
児玉幸多編『図説日本文化史大系3　奈良時代』(改訂新版)小学館, 1965年(初版1956年)
栄原永遠男『日本の歴史4　天平の時代』集英社, 1991年
杉本一樹「絵図と文書」『文字と古代日本』2 吉川弘文館, 2005年
杉本一樹『正倉院―歴史と宝物』(中公新書)中央公論新社, 2008年
竹内理三・山田英雄・平野邦雄編『日本古代人名辞典』(全7巻)吉川弘文館, 1958～77年
礪波護・武田幸男『世界の歴史6　隋唐帝国と古代朝鮮』中央公論社, 1997年
早川庄八『日本の歴史4　律令国家』小学館, 1974年
黛弘道編『図説日本文化の歴史3　奈良』小学館, 1979年
吉田孝『大系日本の歴史3　古代国家の歩み』小学館, 1988年
渡辺晃宏『日本の歴史03　平城京と木簡の世紀』講談社, 2001年

福山敏男『日本建築史の研究』綜芸社, 1980年(初版1943年)
藤岡了一編『正倉院の陶器』(日本の美術128)至文堂, 1976年
松嶋順正編『正倉院の書跡』(日本の美術105)至文堂, 1974年
松嶋順正『正倉院よもやま話』学生社, 1989年
松嶋順正・木村法光監修『正倉院と東大寺』(太陽正倉院シリーズⅢ)平凡社, 1981年
松本包夫編『正倉院の染織』(日本の美術102)至文堂, 1974年
松本包夫監修『正倉院とシルクロード』(太陽正倉院シリーズⅠ)平凡社, 1981年
松本包夫編『正倉院の錦』(日本の美術293)至文堂, 1990年
三宅久雄責任編集『週刊朝日百科 皇室の名宝　正倉院　中倉』朝日新聞社, 1999年
米田雄介『正倉院宝物の歴史と保存』吉川弘文館, 1998年
米田雄介『正倉院と日本文化』吉川弘文館, 1998年
米田雄介『正倉院宝物の故郷』大蔵省印刷局, 1999年
米田雄介『正倉院宝物と平安時代』淡交社, 2000年
米田雄介・樫山和民『正倉院学ノート』(朝日選書623)朝日新聞社, 1999年
米田雄介・木村法光『正倉院の謎を解く』毎日新聞社, 2001年
米田雄介・杉本一樹『正倉院美術館』講談社, 2009年
和田軍一監修『正倉院１・２』(岩波写真文庫40・56)岩波書店, 1951・52年
和田軍一『正倉院』創元社, 1955年
和田軍一『正倉院案内』吉川弘文館, 1996年(『正倉院夜話』を改訂)

②─どんな役に立つのか

初めにあげた『律令』『続日本紀』の注釈は, 正倉院宝物の時代背景を知るための基本史料として最重要。本書でふれた内容は, 多数の日本古代史の研究書のなかに, 細かい断片のような形で含まれている。以下に例示した古代史(東洋史を含む)の概説書・通史・図説などを手にとって, それぞれのなかで, 正倉院宝物がどのように取り上げられているか, 参照していただきたい。

井上光貞・関晃・土田直鎮・青木和夫校注『律令』(日本思想大系３)岩波書店, 1976年
青木和夫・稲岡耕二・笹山晴生・白藤禮幸校注『続日本紀』(新日本古典文学大系12-16)岩波書店, 1989〜98年

宮内庁正倉院事務所編『正倉院古文書影印集成』八木書店, 1988年〜
宮内庁正倉院事務所編『正倉院宝物』(全10冊)毎日新聞社, 1994〜97年
宮内庁正倉院事務所編『図説 正倉院薬物』中央公論新社, 2000年
宮内庁正倉院事務所編『正倉院宝物　染織』(全 2 冊, 増補改訂版)朝日新聞社, 2000〜01年
宮内庁正倉院事務所編『聖語蔵経巻』丸善株式会社, 2000年〜
後藤四郎『正倉院の歴史』(日本の美術140)至文堂, 1978年
後藤四郎編『正倉院』(『日本美術全集 5 天平の美術』)学習研究社, 1978年
小林行雄『古代の技術』(塙選書)塙書房, 1962年
小林行雄『続古代の技術』(塙選書)塙書房, 1964年
杉本一樹責任編集『週刊朝日百科 皇室の名宝　正倉院　文書と経巻』朝日新聞社, 1999年
杉本一樹『日本古代文書の研究』吉川弘文館, 2001年
杉本一樹編『正倉院の古文書』(日本の美術440)至文堂, 2003年
関根真隆監修『正倉院と天平人の創意』(太陽正倉院シリーズⅣ)平凡社, 1981年
関根真隆編『正倉院の木工芸』(日本の美術193)至文堂, 1982年
関根真隆『正倉院の宝物』(保育社カラーブックス763)保育社, 1988年
関根真隆『天平美術への招待』吉川弘文館, 1989年
関根真隆『正倉院への道』吉川弘文館, 1991年
田中陽子編『正倉院の舞楽装束』(日本の美術520)ぎょうせい, 2009年
東野治之『正倉院』(岩波新書)岩波書店, 1988年
東野治之『遣唐使と正倉院』岩波書店, 1992年
中野政樹編『正倉院の金工』(日本の美術141)至文堂, 1978年
奈良国立博物館『正倉院展目録』(各年の展覧会解説目録)
成瀬正和責任編集『週刊朝日百科 皇室の名宝　正倉院　南倉』朝日新聞社, 1999年
成瀬正和編『正倉院宝物の素材』(日本の美術439)至文堂, 2002年
成瀬正和編『正倉院の宝飾鏡』(日本の美術522)ぎょうせい, 2009年
西川明彦編『正倉院宝物の装飾技法』(日本の美術486)至文堂, 2006年
西川明彦編『正倉院の武器武具馬具』(日本の美術523)ぎょうせい, 2009年
橋本義彦『正倉院の歴史』吉川弘文館, 1997年
福山敏男「東大寺の諸倉と正倉院宝庫」『日本建築史研究』墨水書房, 1968年

●—参考文献

①—「もの」と技法の世界

正倉院宝物・正倉院について，より深く知るための手がかりとなる文献のなかから，宝物を直接あつかった調査・研究の成果として発表されたものを中心に紹介する。

朝比奈泰彦編『正倉院薬物』植物文献刊行会，1955年

阿部弘編『正倉院の楽器』(日本の美術117)至文堂，1976年

阿部弘監修『正倉院と唐朝工芸』(太陽正倉院シリーズⅡ)平凡社，1981年

飯田剛彦編『正倉院の地図』(日本の美術521)ぎょうせい，2009年

尾形充彦責任編集『週刊朝日百科　皇室の名宝　正倉院　染織』朝日新聞社，1999年

尾形充彦編『正倉院の綾』(日本の美術441)至文堂，2003年

北啓太監修『正倉院の世界』(別冊太陽143)平凡社，2006年

木村法光編『正倉院の調度』(日本の美術294)至文堂，1990年

木村法光責任編集『週刊朝日百科　皇室の名宝　正倉院　北倉』朝日新聞社，1999年

宮内庁正倉院事務所編『正倉院の書蹟』日本経済新聞社，1964年

宮内庁正倉院事務所編『正倉院のガラス』日本経済新聞社，1965年

宮内庁正倉院事務所編『正倉院の楽器』日本経済新聞社，1967年

宮内庁正倉院事務所編『正倉院の絵画』日本経済新聞社，1968年

宮内庁正倉院事務所編『正倉院の紙』日本経済新聞社，1970年

宮内庁正倉院事務所編『正倉院の陶器』日本経済新聞社，1971年

宮内庁正倉院事務所編『正倉院の羅』日本経済新聞社，1971年

宮内庁正倉院事務所編『正倉院の伎楽面』平凡社，1972年

宮内庁正倉院事務所編『正倉院の組紐』平凡社，1973年

宮内庁正倉院事務所編『正倉院の刀剣』日本経済新聞社，1974年

宮内庁正倉院事務所編『正倉院の漆工』平凡社，1975年

宮内庁正倉院事務所編『正倉院の金工』日本経済新聞社，1976年

宮内庁正倉院事務所編『正倉院の大刀外装』小学館，1977年

宮内庁正倉院事務所編『正倉院の木工』日本経済新聞社，1978年

宮内庁正倉院事務所編『正倉院紀要』(18号まで『正倉院年報』)1979年〜

宮内庁正倉院事務所編『正倉院宝物』(全３冊，増補改訂版)朝日新聞社，1987〜89年

日本史リブレット74

正倉院宝物《しょうそういんほうもつ》の世界《せかい》

2010年 6 月25日　1 版 1 刷　発行
2023年 5 月30日　1 版 4 刷　発行

著者：杉本一樹《すぎもとかずき》

発行者：野澤武史

発行所：株式会社 山川出版社

〒101－0047　東京都千代田区内神田 1 －13－13
電話　03(3293)8131(営業)
　　　03(3293)8135(編集)
https://www.yamakawa.co.jp/
振替　00120-9-43993

印刷所：明和印刷株式会社

製本所：株式会社 ブロケード

装幀：菊地信義

Printed in Japan ISBN 978-4-634-54686-8

・造本には十分注意しておりますが，万一，乱丁・落丁本などが
ございましたら，小社営業部宛にお送り下さい。
送料小社負担にてお取替えいたします。
・定価はカバーに表示してあります。

日本史リブレット　第Ⅰ期［68巻］・第Ⅱ期［33巻］　全101巻

1 旧石器時代の社会と文化
2 縄文の豊かさと限界
3 弥生の村
4 古墳とその時代
5 大王と地方豪族
6 藤原京の形成
7 古代都市平城京の世界
8 古代の地方官衙と社会
9 漢字文化の成り立ちと展開
10 平安京の暮らしと行政
11 蝦夷の地と古代国家
12 受領と地方社会
13 出雲国風土記と古代遺跡
14 東アジア世界と古代の日本
15 地下から出土した文字
16 古代・中世の女性と仏教
17 古代寺院の成立と展開
18 都市平泉の遺産
19 中世に国家はあったか
20 中世の家と性
21 武家の古都、鎌倉
22 中世の天皇観
23 環境歴史学とはなにか
24 武士と荘園支配
25 中世のみちと都市
26 戦国時代、村と町のかたち
27 破産者たちの中世
28 境界をまたぐ人びと
29 石造物が語る中世職能集団
30 中世の日記の世界
31 板碑と石塔の祈り
32 中世の神と仏
33 中世社会と現代
34 秀吉の朝鮮侵略
35 町屋と町並み
36 江戸幕府と朝廷
37 キリシタン禁制と民衆の宗教
38 慶安の触書は出されたか
39 近世村人のライフサイクル
40 都市大坂と非人
41 対馬からみた日朝関係
42 琉球の王権とグスク
43 琉球と日本・中国
44 描かれた近世都市
45 武家奉公人と労働社会
46 天文方と陰陽道
47 海の道、川の道
48 近世の三大改革
49 八州廻りと博徒
50 アイヌ民族の軌跡
51 錦絵を読む
52 草山の語る近世
53 21世紀の「江戸」
54 近代歌謡の軌跡
55 日本近代漫画の誕生
56 海を渡った日本人
57 近代日本とアイヌ社会
58 スポーツと政治
59 近代化の旗手、鉄道
60 情報化と国家・企業
61 民衆宗教と国家神道
62 日本社会保険の成立
63 歴史としての環境問題
64 近代日本の海外学術調査
65 戦争と知識人
66 現代日本と沖縄
67 新安保体制下の日米関係
68 戦後補償から考える日本とアジア
69 遺跡からみた古代の駅家
70 古代の日本と加耶
71 飛鳥の宮と寺
72 古代東国の石碑
73 律令制とはなにか
74 正倉院宝物の世界
75 日宋貿易と「硫黄の道」
76 荘園絵図が語る古代・中世
77 対馬と海峡の中世史
78 中世の書物と学問
79 史料としての猫絵
80 寺社と芸能の中世
81 一揆の世界と法
82 戦国時代の天皇
83 日本史のなかの戦国時代
84 兵と農の分離
85 江戸時代のお触れ
86 江戸時代の神社
87 大名屋敷と江戸遺跡
88 近世商人と市場
89 近世鉱山をささえた人びと
90 「資源繁殖の時代」と日本の漁業
91 江戸の浄瑠璃文化
92 江戸時代の老いと看取り
93 近世の淀川治水
94 日本民俗学の開拓者たち
95 軍用地と都市・民衆
96 感染症の近代史
97 陵墓と文化財の近代
98 徳富蘇峰と大日本言論報国会
99 労働力動員と強制連行
100 科学技術政策
101 占領・復興期の日米関係